从选题到写作

AI

辅助一站式

邹奇志 ◎ 著

写好论文

江西科学技术出版社
江西·南昌

图书在版编目（CIP）数据

从选题到写作：AI辅助一站式写好论文 / 邹奇志著. —— 南昌：江西科学技术出版社，2025.3. —— ISBN 978-7-5390-8583-8

Ⅰ．H152.3-39

中国国家版本馆CIP数据核字第2025KA8355号

从选题到写作：AI辅助一站式写好论文
CONG XUANTI DAO XIEZUO：
AI FUZHU YIZHANSHI XIEHAO LUNWEN

邹奇志 著

出版 发行	江西科学技术出版社
社址	南昌市蓼洲街2号附1号
	邮编：330009　电话：（0791）86623491　86639342（传真）
印刷	定州启航印刷有限公司
经销	全国新华书店
开本	710 mm×1000 mm　1/16
字数	230千字
印张	14.25
版次	2025年3月第1版
印次	2025年3月第1次印刷
书号	ISBN 978-7-5390-8583-8
定价	78.00元

国际互联网（Internet）地址：http://www.jxkjcbs.com　选题序号：ZK2024417　赣版权登字：-03-2025-30
责任编辑：徐易羚　　　总策划：杨青　　　出版统筹：柴占伟
策划编辑：杜若婷　师圣　装帧设计：张晴　章越
版权所有　侵权必究

（赣科版图书凡属印装错误，可向承印厂调换）

前言

人工智能（AI）正以迅雷不及掩耳之势渗透到我们生活的方方面面，从智能手机助手到自动驾驶汽车，AI已经不仅仅是科幻小说中的幻想，而是实实在在改变我们工作和生活的工具。而对于学生、学者，以及需要撰写学术论文的人来说，AI的到来带来了前所未有的便利，甚至让人不禁怀疑，未来的学术写作是否还需要人类的参与？我们可以想象这样一个场景：坐在书桌前，面对一堆未读的文献和空白的文档，手指在键盘上徘徊，却始终无从下笔。这种场景对许多人来说并不陌生——选题难，写作难，整合资料更难。而正是在这种情况下，AI成为学术写作的新一代"拯救者"。

也许你会想，AI真的能够帮助我写好论文吗？答案是肯定的，甚至远超你的预期。从选题到写作，AI不仅可以为你提供灵感，还可以通过大数据分析和强大的语言模型，为你的写作过程提供全面的支持。AI不仅会为你整理文献、生成理论框架，还能帮你优化论证结构，甚至润色语言，让你在写作的每一步都轻松自如。

《从选题到写作：AI辅助一站式写好论文》正是为那些希望在学术写作中利用AI工具提升效率的读者量身定做的。在这本书中，我们将一步步引导你如何充分利用AI的力量，从选择论文题目到撰写结论，全方位提升你的学术写作水平。不论你是初次接触AI，还是已经对这些工具有一定了解，本书都将为你提供有价值的建议和实用的技巧。

AI革命与工具实用指南将带你深入了解人工智能的基础知识及其在写作中的应用。你将学到AI的基本概念，了解它的历史发展脉络，并掌握如何利用这些技术提升你的写作效率的方法。我们会带你认识各种AI工具的界面，教你如何通过智能提问获取有用的答案，以及如何训练和微调AI，使其更好地为你的特定需求服务。

你可能会问,既然 AI 这么厉害,为什么不直接让它写整篇论文?这是个好问题。虽然 AI 在数据处理和语言生成方面是个专家,但学术论文不仅仅是逻辑和数据的堆砌,它更是一种思想的表达,需要创造性、批判性思维和个人见解。这也是为什么在本书第 2 部分 AI 辅助论文写作中,我们更关注如何通过 AI 来辅助和优化你的写作,而不是完全依赖它。本书第 2 部分将详细讲解如何在学术写作的各个环节中充分利用 AI。从论文选题开始,我们会讨论如何通过 AI 发现研究的空白点,并验证你的选题是否具备可行性。接着,我们会讲解前言的写作,指导你如何利用 AI 提供的框架和结构化提问模式,高效生成内容。

写作不仅仅是一个机械的过程,更是一种创作。因此,在本书第 3 部分 AI 的润色与改写中,我们还会探索如何通过 AI 工具在论文的润色和优化方面取得理想效果。你将学会如何让 AI 帮你改进内容,优化语言,使你的论文不仅具有学术性,还能读起来顺畅自然。

这本书的独特之处在于,它不仅仅是一本 AI 工具的使用指南,更是一部将传统学术写作与现代科技完美结合的作品。在这里,我们不只是告诉你如何使用 AI,更是希望帮助你将这些工具融入你自己的思维过程中,从而激发出更加富有创意和洞察力的研究成果。

在未来的学术世界中,AI 的参与已经势不可当,但它并不会取代人类的思想和创造力,而是成为我们强大的助手,帮助我们更快、更好地实现学术目标。我们希望,通过阅读这本书,你能在 AI 的辅助下,享受学术写作的乐趣,创造出更加出色的研究成果。无论你是一名研究生,正在为即将到来的论文写作而发愁,还是一位经验丰富的学者,希望探索新的写作方式,本书都能为你提供实用的指导。我们相信,随着 AI 技术的不断进步,学术写作将变得更加高效、轻松,而本书将是你在这一过程中值得信赖的伙伴。

目 录

第 1 部分 AI 革命与工具实用指南

第 1 章 浅析 AI

1.1 认识 AI … 4
1.2 AI 的发展历史 … 6
1.3 大模型是什么 … 12

第 2 章 使用 AI

2.1 AI 界面介绍 … 24
2.2 如何提问 … 31
2.3 训练和微调 AI 工具 … 39

第 2 部分 AI 辅助论文写作

第 3 章 选择合适的论文题目

3.1 利用 AI 选定论文选题 … 50
3.2 选题的最终测评 … 65

第 4 章 前言的写作

4.1 整体框架式的提问 … 72
4.2 结构化前言提问模式 … 74
4.3 前言的综合性撰写和生成 … 81

第 5 章　文献综述与研究背景怎么写

  5.1　文献的搜索　　　　　　　　　　　　　　　　86
  5.2　使用 AI 工具辅助分析整合现有研究　　　　　　95
  5.3　引导组织撰写文献综述　　　　　　　　　　　　102
  5.4　文献综述的综合性撰写和生成　　　　　　　　　109

第 6 章　理论框架的组织和写作

  6.1　建立一个合适的理论框架　　　　　　　　　　　112
  6.2　构建理论框架的方法　　　　　　　　　　　　　117
  6.3　理论框架的成型和优化　　　　　　　　　　　　123

第 7 章　论文的研究方法论

  7.1　设计合理的研究方法　　　　　　　　　　　　　130
  7.2　研究方法的数据收集和方法选择　　　　　　　　138

第 8 章　正文的写作

  8.1　论文正文写作的基础　　　　　　　　　　　　　146
  8.2　AI 辅助正文的写作　　　　　　　　　　　　　　152

第 9 章　结语的写作

  9.1　结语是什么　　　　　　　　　　　　　　　　　162
  9.2　AI 写结语　　　　　　　　　　　　　　　　　　164

第 10 章　论文写作实操

- 10.1　题目选定实操　172
- 10.2　前言撰写实操　177
- 10.3　文献综述撰写实操　181
- 10.4　理论框架撰写实操　183
- 10.5　论文大纲撰写实操　186
- 10.6　正文撰写实操　190
- 10.7　结语撰写实操　193

第 3 部分　AI 润色与改写

第 11 章　论文的润色

- 11.1　初稿的内容润色　198
- 11.2　初稿的审校　204

第 12 章　论文的科学化改写

- 12.1　什么是科学化改写　208
- 12.2　AI 科学化改写的原理　209
- 12.3　如何实现科学化改写　211

后记　216

在 2024 年 3 月 21 日于北京举办的"AMD AI PC 创新峰会"上,美国半导体领军企业 AMD 的董事会主席兼 CEO 苏姿丰强调:"AI 是近半个世纪以来最具革命性的技术。"人工智能(以下简称 AI)正逐渐成为我们生活中不可或缺的一部分,其作用与智能设备类似,主要是作为辅助工具来提升人们的生活质量和工作效率。因此,AI 的目标并非取代人工,而是成为人类高效率的助手。

随着 AI 技术的快速发展,人们的日常生活发生了翻天覆地的变化。以往需要手动执行的复杂任务,如计算和决策,现在已能通过 AI 实现,AI 甚至在某些方面超越了人类的能力。自动驾驶汽车、智能家居系统以及先进的预测分析工具等,都显著提高了我们的生活质量。

AI 革命与工具实用指南

【第1章】

浅析 AI

AI 技术的发展现在正在与现实的场景应用紧密结合，这对传统的领域产生了巨大的冲击。即便是学术界这种人类知识的高地，也在 AI 的冲击下有了广泛的应用空间。我国实行的"智慧图书馆"就是其代表，随着逐步完善，AI 研究助理也有望落地。AI 在科研方面的成功应用，也促进了学术界对 AI 的应用。

1.1 认识人工智能

什么是人工智能？人工智能一词是由美国数学家约翰·麦卡锡在 20 世纪 50 年代中期首次提出来的。1956 年，他在达特茅斯会议上首次提出"人工智能（artificial intelligence, AI）"这个术语。我们可以询问如 ChatGPT 等 AI 工具，它们给出 AI 的解释是这样的。

问：

请解释一下，什么是 AI？

答[①]：

AI（Artificial Intelligence, AI）是指使机器展示出与人类或其他动物的智能行为类似的能力的技术与科学。这一领域的研究涉及模拟和扩展人类的感知、推理、学习，以及与环境互动的能力。具体来说，AI 技术旨在开发使机器能够自动执行复杂任务的算法和系统，这些任务传统上需要人类才能完成。

（1）AI 的核心组成

知识工程：在 AI 中，知识工程是关键，它使机器能够使用知识库处理复杂问题和情景。有效的知识工程需要机器不仅仅存储信息，更要能够访问信息并响应逻辑。

学习：学习是 AI 系统的核心功能之一，包括机器学习、深度学习、强化学习等。这些学习算法使机器能够自我优化和改进其性能，无须人为地编写具体的指令。

感知：人工智能系统通过感知功能理解周围世界，这通常涉及视觉和听觉系统。例如，计算机视觉和自然语言处理使 AI 能够分别理解图像和语言数据。

推理：在 AI 中，推理能力使机器能够基于给定的数据或知识库进行逻辑推导。这种推理过程可以是演绎的、归纳的或类比的。

（2）AI 的分类

AI 可以分为几个不同的类型，主要包括：

窄域 AI：也称为弱 AI，指的是设计用来执行一项单一任务的 AI，如语音识别或图像识别。这类 AI 在其特定任务领域表现出色，但无法超出预设的范围。

[①] 为了尽可能体现 AI 工具的特点，本书对 AI 给出的答案尽量不做任何处理，所以可能其中会存在部分语法错误和文字瑕疵等，请知悉。

> 通用 AI：也称为强 AI，指的是在任何认知任务上都能达到人类智能水平的 AI 系统。这类 AI 尚未实现，其理论模型需要能够展示广泛的适应性、自学能力和自主意识。

简单来说，AI 就是让机器或电脑程序能像人一样思考和解决问题的技术。它可以让机器听懂我们说的话，认出图片和文字，跟我们聊天，解决问题，学习新事物，甚至完成一些实际动作，如做一些舞蹈动作或者开车。AI 的神奇之处在于它能让机器具备听、看、学习和行动的能力。就像开车一样，如果我们开车时要反复思考每一个动作，那么驾驶就会变得非常困难。其实开车更多的是依靠我们的直觉和经验，这些都是我们随着时间和实践逐渐学到的，不是单靠死记硬背规则能做到的。AI 的发展也是这样，它不只是简单模仿人类的行为，而是要深入理解人类行为背后的智能本质。

1.2 AI 的发展历史

对于 AI 的发展，很多学者都喜欢把它比作一部曲折而充满挑战和惊喜的科幻小说，这个故事中的每个阶段都有传奇的色彩。1956 年，麦卡锡、明斯基等科学家在美国达特茅斯学院开会研讨"如何用机器模拟人的智能"，第一次提出"人工智能"这一概念，这标志着 AI 学科的诞生。这不仅仅是科技发展的一段旅程，而且是人类对未知世界的持续探索和好奇心的具体体现。

1.2.1 AI 的萌芽

在 1956 年首次提出 AI 这一概念之后的十年里，AI 迎来了发展史上的第一个小高峰，全新的想法和理论如同烟花般绽放，吸引了一大群科学家和研究者，他们在这个领域里取得了一些令人瞩目的技术突破。

1959 年，我们迎来了世界上第一台工业机器人……

1964 年，首台聊天机器人诞生，使人类与机器闲聊成为可能……

但是，当时的计算机运行能力相当有限。到了 20 世纪 70 年代，人工智能遭遇了一场寒冬。早期的 AI 大多依靠预设的指令来处理简单问题，还没学会真正地思考和学习。所以，一旦问题稍微复杂点儿，这些程序就显得不太灵光了。

1966 年，麻省理工的计算机科学家约瑟夫·维森鲍姆（Joseph Weizenbaum）在 ACM 上发表了一篇关于他的程序 ELIZA 的文章。这个程序的操作有点儿像玩一个猜谜游戏。当你和它聊天时，它会聚焦于你的关键词，然后根据这些词背后的规则给出回答。ELIZA 好像有一个巨大的抽屉柜，每个抽屉里堆满了各种各样的回复。当它捕捉到某个关键词，就会翻找相应的抽屉，挑选合适的答案来回应你。这种方式让 ELIZA 能够和人进行简单的对话，使计算机与人之间的交流显得更加自然和有趣。我们来看一下 ELIZA 的聊天界面，如图 1—1 所示。

```
        EEEEEEE  L         IIIIII  ZZZZZZZZ   AAA
        E        L           I          Z    A   A
        E        L           I         Z     A   A
        EEEEE    L           I        Z      A   A
        E        L           I       Z       AAAAAAA
        E        L           I      Z        A   A
        EEEEEEEE LLLLLLLL  IIIIII  ZZZZZZZZ  A   A


ELIZA > HELLO, PLEASE SHARE YOUR NAME.
AMIT  > AMIT
ELIZA > HELLO AMIT, I'M ELIZA. HOW CAN I ASSIST YOU TODAY?
AMIT  > CAN WE TALK ABOUT SOMETHING THAT'S BOTHERING ME?
ELIZA > ABSOLUTELY, I'M HERE TO LISTEN. PLEASE TELL ME WHAT'S TROUBLING
YOU.
AMIT  > I'VE BEEN FEELING REALLY STRESSED LATELY AND I HAVE A CONSTANT
HEADACHE.
ELIZA > THAT SOUNDS CHALLENGING. IT MIGHT HELP TO TAKE SOME TIME TO
RELAX. HAVE YOU BEEN GETTING ENOUGH REST?
AMIT  > THANK YOU FOR YOUR UNDERSTANDING AND ADVICE.
ELIZA > YOU'RE WELCOME. REMEMBER, I'M HERE TO HELP.ANYTIME YOU
NEED TO TALK.
AMIT  > THANKS, I'LL CATCH UP WITH YOU LATER.
ELIZA > GOODBYE AMIT, AND REMEMBER, MY DOOR IS ALWAYS OPEN FOR
YOU.
```

图 1—1　ELIZA 的聊天界面

1967 年，Thomas 等人提出了 K 最近邻算法（K-nearest neighbor, KNN）。K 最近邻算法，可以用这样一个例子来解释：假设在一个大型音乐节上，有各种不同类型的乐队演出，如摇滚、爵士、电子等。现在，你正拿着一张乐队的海报，想知道这支乐队属于哪种类型。这时，K 最近邻算法就像一个乐队分类小助手。具体操作是这样的：你会去看看这支乐队的风格与现场哪些乐队最相似。比如说，你决定比较最接近的 3 个乐队。如果这 3 个乐队中有 2 个是电子乐队，另外 1 个是摇滚乐队，那么很可能你手中的这张海报就属于电子乐队。因此，你可以把这张海报贴在"电子音乐"区域。K 最近邻算法的核心思想非常直接，通过观察周围最相似的几个例子来判断，如果大多数是某一类型，那么手中的也很可能属于这个类型，这就是 K 最近邻算法用来分类事物的方式。

1968年，美国科学家爱德华·费根鲍姆创造了一个非常特别的计算机程序，这个程序就是DENDRAL，这是第一个实际应用的专家系统。DENDRAL的设计目的是模拟人类专家的决策过程，从而在特定领域提供专业的建议和解决方案。

DENDRAL系统能够处理和分析大量数据，通过一系列预定义的规则来模拟专家的推理过程。这使得它能在没有人类专家在场的情况下，提供决策支持，这在当时是一个巨大的技术突破。这个系统的成功展示了计算机能够执行复杂的逻辑推理，并有效地解决特定领域的问题。DENDRAL的开发不仅推动了AI在专家系统领域的研究，而且为后续的AI系统提供了模拟人类专家知识和决策过程的方法论基础。这个专家系统如图1—2所示。

这个专家助手可以理解成一个超级聪明的大脑，它内含海量的专业知识和经验。这个大脑分为两部分：第一部分是"知识库"，就像一个庞大的图书馆，储存着各种信息；第二部分是"推理机"，能像专家一样用这些知识来分析问题，找到解决方案。简而言之，DENDRAL就像个电脑版的专家，能够帮你解决棘手的问题。

1969年，科学家马文·明斯基出版了一本书《感知器》。书中，他讨论了计算机如何理解类似"或者"这样的简单指令的问题。比如，当我们让计算机判断一件事是这样还是那样，它需要区分这两种情况。明斯基发现，基本的计算机大脑模型（单层感知器）在处理名为XOR的特殊情况时做不到这点。XOR的意思是，如果告诉计算机两件事中有一件是真的，但不是两件都是真的，计算机需要能正确理解并响应。要解决这个问题，需要一个更复杂的多层模型，这种模型可以处理更复杂的逻辑。但问题是，当时还没人知道如何有效地训练这种复杂的模型。明斯基的发现让很多人对神经网络（一种模拟人脑工作方式的技术）的研究兴趣大减。

在接下来的十年间，神经网络研究几乎停滞，进入了一段低潮期。就是因为这个关乎计算机思维方式的大问题，神经网络的研究一度陷入停滞。

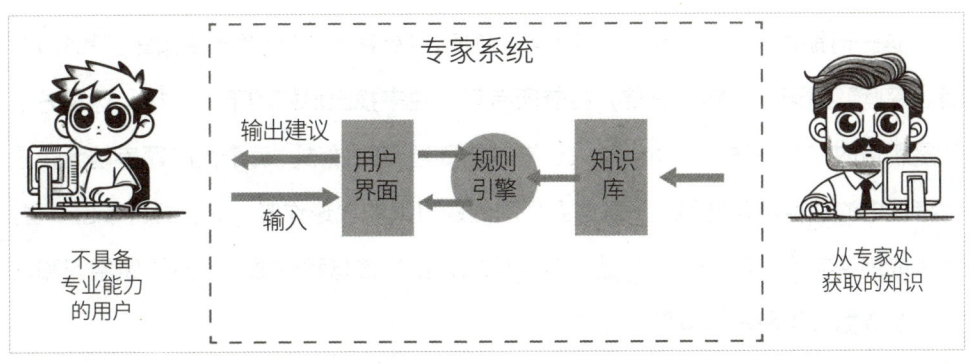

图 1—2　专家系统

1.2.2　AI 的机器学习时期

　　AI 起飞速度相当快，大家都期望用它来攻克难题。但因为那时候的计算机运行得不够快，再加上让机器学习的理论还不是很成熟，所以很多高期望落了空，人们对 AI 的热情也逐渐减退了。

　　尽管有人对 AI 的未来持悲观态度，但科学家们并没有停下研究的脚步。1980年，卡内基梅隆大学推出了第一个专家系统——XCON，人们开始使用各种专家系统。但这些系统有时会犯些常识性错误，导致 AI 遭遇第二次寒冬。

　　直到 1997 年，IBM 的"深蓝"计算机在一场精彩的比赛中，以 2 胜 1 负 3 平的成绩击败了当时世界排名第一的国际象棋大师加里·卡斯帕罗夫，表明 AI 在模拟、延伸和拓展人的智能方面获得了长足的进步。"深蓝"的算力惊人，每秒能运算 2 亿步，虽然按今天的标准看，它的智能还算不上非常高，但它的强大运算能力让它能找出最佳棋步。"深蓝"可以预测未来 12 步，而卡斯帕罗夫则只能预测 10 步，这就是两者之间的差距。在那场比赛中，尤其是第二局，卡斯帕罗夫输得相当惨，这让他大受打击。随后的几局，他显得力不从心，战斗意志也大不如前。到了最后一局，他仅下了 19 步就决定认输。他曾希望能再次挑战"深蓝"，但 IBM 拒绝了他的请求，并且把"深蓝"拆解了。尽管后来卡斯帕罗夫和其他电脑对弈战成了平手，但他再也没有机会与"深蓝"决一胜负,这成了他的一块心病。

这一时期的 AI 与早期的"专家系统"不同,"专家系统"依赖于专家知识和规则,而"深蓝"则通过试错和总结,检查所有可能性来找出最好的下一步棋。这种方法就是所谓的"穷举法",类似于人们考试前刷题库的做法。每个人的题库越大,遇到考试中的题目就越熟悉,一旦遇到相同的题目就能快速作答。所以说题库越丰富,考试成绩通常也就越好。"深蓝"就是依靠大量的信息和数据,通过不断学习和总结这些数据,不断提升解题能力的。

1.2.3 AI 的深度学习阶段

当 AI 的研究开始聚焦于让电脑具备学习本领时,很多专家都在忙着研究如何优化算法,也就是电脑处理信息的手段。不过,他们却忽略了一个关键的环节——数据。试想一下,如果数据是电脑的教科书,那书得足够好,电脑才能学得更好。2006 年,李飞飞教授着手创建了一个庞大的图片库——ImageNet,里面收录了成千上万张有标记的图片。这个库就像是给电脑开辟了一个视觉宝库,让它可以尽情地学习和探索这个世界。自从这个项目起步,一场关于谁能让电脑更好地识别图片的较量也就此开始。

与此同时,随着人工神经网络技术的飞跃,"深度学习"这个概念也应运而生。其不仅增强了电脑的数据处理和分析能力,还极大地提升了它的学习能力。因此,电脑现在能够更深入地理解和处理复杂的信息。

2016 年,谷歌的 DeepMind 团队放出了他们的大招——一个名叫 AlphaGO 的围棋 AI,它在一场比赛中打败了韩国的棋王李世石。这个胜利不是偶然的,而是因为 AlphaGO 通过不断学习大量棋局数据而日益强大,它的胜率几乎接近 100% 了。

那 AlphaGO 是怎么学会下围棋的呢?这里用到了一项厉害的技术——深度学习。与之前的机器学习不同的是,深度学习更像是一个让机器自学成才的过程。就像家长教孩子分辨动物一样,家长可能会给他看很多动物的图片,久而久之,孩子自然就能辨认它们了。深度学习也是用类似的方法,即给电脑看大量的数据,不论是图片、文字还是声音，电脑都能通过这些数据来学习识别各种模式和规律，从而能完成一些复杂的任务，如识别图片中的物体、理解人说的话，甚至是开车。

深度学习依赖一种名为神经网络的结构，这种结构通过模仿人脑的工作机制设计而成。神经网络由很多层组成，每一层都能学到从简单到复杂的信息。比如在图片识别中，第一层可能只能看出来边缘，第二层识别出形状，更高层则能弄清楚具体的东西，如人脸或者树木。

随着互联网、大数据和云计算这些技术的发展，再加上强大的芯片（如 GPU 图形处理器）的帮助，AI 的发展速度就像坐了火箭一样。深度神经网络也从科学实验室走到了实际应用。现在的人工智能不仅能识别图片，听懂人们的话，回答复杂问题，下棋，甚至能自己开车了。从一开始的摸不着头脑到现在的广泛应用，AI 的发展迎来了一个新的爆发期。

1.3 大模型是什么

1.3.1 AI 语言技术的演进

1. 教机器掌握人类的语言

教机器理解和使用人类语言，听起来像是科幻小说里的桥段，其实就是通过一种称作"自监督学习"的方法来实现的。这种学习方式不需要人为地去标记数据对错，而是让模型自己从文本中发现学习的线索。在自然语言处理中，这意味着让机器阅读并分析大量的图书、文章和网页，自我学习语言的规律和结构。

构建一个语言模型，通常包括以下步骤：

（1）数据准备。就像给孩子准备很多书一样，人们需要收集大量的文本数据作为学习材料，为机器提供充分的学习资源。

（2）预处理。为了简化机器的学习过程，可以将大段文本切分成小块，这类似于为孩子讲述一段接一段的故事。

（3）学习过程。在这个阶段，机器将学习填充文本中的缺失部分，比如我们提供一个句子的开头，它尝试预测接下来的词语。通过这样不断地猜测与学习，机器开始掌握语言的深层含义，这是自然语言处理的核心环节。

（4）优化调整。根据模型预测的结果与实际结果的偏差，调整模型的参数，使其在未来的预测中更加精准。

通过这样一连串的训练步骤，机器逐渐掌握了语言的基本框架，能够生成听起来自然的文本。这种初级阶段的机器相当于刚刚学会走路的孩子，之后它们还可以继续学习更复杂的技能。

2. AI 的专业化过程

假如说，我们已经训练了一个掌握了基本语言技能和通用知识的 AI 模型。那么，如何让 AI 更进一步，成为领域内的专家呢？以培养一个法律专家 AI 为例，这就涉及了一个关键的步骤：模型的"微调"，也就是在特定领域对模型进行进一步的专业化训练。

(1) 预训练模型的巨大潜力。预训练的模型就像是经过基本训练的聪明大脑，它们已经通过阅读大量文本，学会了语言的基本规则和普遍知识。这为它们提供了强大的起点，让它们能够完成翻译句子或回答问题等基本任务。

(2) 专业化微调的过程。微调过程就是进阶训练，通过这个训练，AI 在特定领域（如法律）变得更加专业和精通。比如，为了让 AI 成为法律专家，我们会用法律文档对其进行专门的微调训练，并提供相关的法律资料，让它学习法律术语，理解复杂的法律文件，还会帮助它解读和总结法律条款。

(3) 微调的重要性。通过在已有知识基础上进行微调，AI 可以更快地适应新领域，无须从头开始。这样的微调可以让预训练模型的语言理解能力得到深入的开发，进而使其精确掌握细节，提供精准的输出。

迁移学习的本质是技能的转移，就像人们从骑自行车转到骑摩托车一样，可以借助已有的骑行技能学习相似的新技能。如果 AI 先接受了基础训练，掌握了一些通用技能和知识，那么当人们需要它学习新任务时，它就可以快速适应，就像从骑自行车转到骑摩托车那样容易。

这种迁移学习不仅适用于语言模型，还适用于各种 AI 应用。它让 AI 模型无须从零开始学习新任务，大大节约了时间和资源。简而言之，迁移学习让 AI 在完成一项任务后，可以几乎不经训练就轻松转到另一项任务上。

3. 为什么 AI 越大，学习得越好

举个例子，如果有一个非常大的空间来存放各种图书，那么我们就可以获得更多的知识。在 AI 的世界里，有这么一片庞大的区域，是由被称为"参数"的东西构成的，而这些参数在 AI 的大脑中扮演着记忆的角色，它们可以帮助 AI 进行学习和记忆，而同时负责承载这些参数的大脑就被称为"神经网络"，如图 1—3 所示。

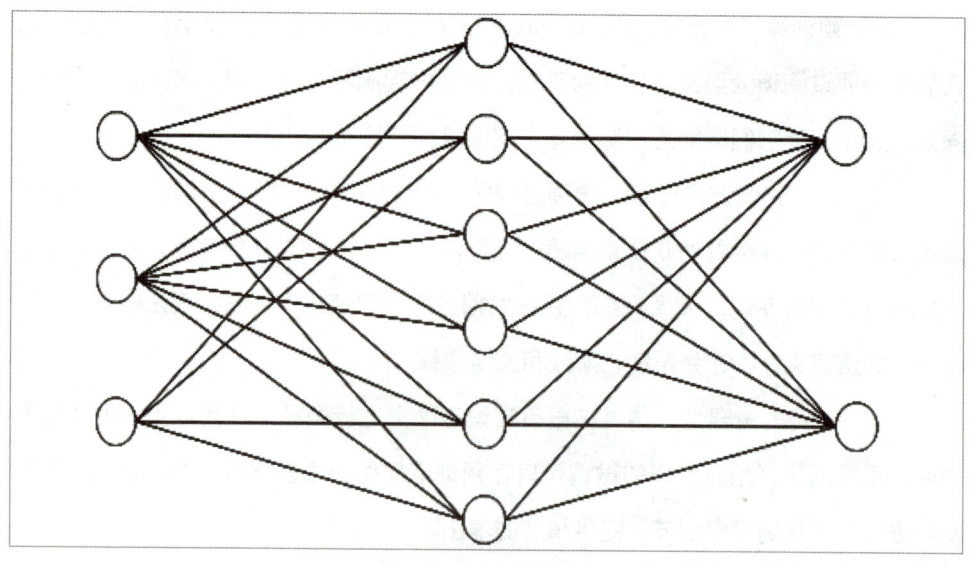

图 1—3　神经网络示意图

AI 的大脑是由许多称为"神经元"的小单元构成的，图 1—3 用小圆圈来标识，这些神经元通过"连接"互相交流，类似于人类大脑中神经元的互联。每个连接点都带有一个称为"参数"的强度值。当 AI 在学习时，这些参数的强度就会被调整，以此来记住新的信息和知识。一个参数众多的 AI 大脑通常能记住更多信息，这让它能更精准地掌握各种语言的规则和模式，进而更好地理解和产生语言。

就像一个需要更多图书才能充实内容的图书馆一样，一个庞大的 AI 模型也需要大量的计算资源（如更强的处理器和更大的内存）来进行"训练"。这个训练过程，实际上就是 AI 的学习过程，需要投入大量的数据来促进学习。

1.3.2　大模型的进化发展史

2017 年，谷歌发布了一篇名为"Attention is all you need"的论文，这标志着 Attention 机制下的 Transformer 模型正式登场，从此在自然语言处理（natural language processing,NLP）界大放异彩。紧接着，以 Transformer 为基础的预训练模型 GPT 和 BERT 也开始大放异彩，不仅在文本处理上表现卓越，而且在图像处理领域开启了新的篇章，这可以说是一次技术上的飞跃，也深刻改变了人机交流的方式。

假如你在读一本书或和朋友聊天时，大脑会自动抓住重点信息，记住关键人物或聊天的核心话题。Transformer 模型也是这么工作的，它让计算机通过"自注意力机制"来模仿大脑处理信息的能力。

1. Transformer 自注意力机制

就像在聚会中专注听某个有趣的故事，自注意力机制让 Transformer 模型能够专注于文本中的某些关键词，并理解这些词与文本其他部分的关系。这种机制可以帮助模型判断哪些词之间的联系更紧密，哪些词对理解全文至关重要。

2. 理解与创作——解码器和编码器

编码器的角色类似于一个细心的听众，它聚精会神地理解人们讲的每一个故事或文字，通过自注意力机制，确保不漏掉任何细节。而解码器就像是创意无限的艺术家，根据编码器提供的信息执行任务，无论是将输入信息翻译成另一种语言，还是寻找问题的答案，它都能胜任。解码器也会利用自注意力机制确保创作内容新颖且与原信息紧密相关。

3. 词汇排列的秘密

"狗咬人"和"人咬狗"听起来词汇相同，但意义完全不同。这就说明了在创作过程中，每个词的排列顺序有多么关键。一旦顺序错乱，整个故事的含义则可能大相径庭。这就是为什么 Transformer 模型如此关键，它利用一种称为"位置编码"的技巧，确保计算机能够把握词汇的精确顺序。比如说你正在拼装一套复杂的火车模型，每个小部件（相当于词汇）都必须放在正确的位置上，如果部件位置放错，整个火车就无法正确组装或运行了。位置编码的作用就好比一张蓝图，它指导 Transformer 模型将所有"火车模型部件"放在正确的位置，确保它们的顺序准确无误，从而精确解读句子的真正含义。

通过这种方式，Transformer 模型不仅能理解词汇本身，还能把握词汇之间的相对位置，使整个语句的表述更加准确和生动。这种对细节的关注使 Transformer 成为处理复杂语言数据的强大工具，能够有效地支持各种语言处理任务，从简单的翻译到复杂的文本生成都不在话下。

4. Transformer 模型的应用场景

Transformer 模型的应用主要有两个角度：强大的搜索功能和生成功能。

（1）强大的搜索功能——BERT。对于 Transformer 的这一功能，我们可以做一个假想，比如我们在一家非常大的书店里找一本关于"恐龙"的书，但是周围堆满了各种图书，而这家书店有一个非常厉害的导购，我们叫它 BERT。BERT 不仅知道店里每本书的内容，还能洞察我们提出问题的真正意图。它可以深入理解我们的问题，然后在这个满是信息的书店（互联网）中，迅速帮我们找到最精确、最相关的答案。当我们向 BERT 提出问题时，例如："恐龙为什么会灭绝？"BERT 不只是简单地搜索关键词"恐龙"和"灭绝"，而是深入理解问题的全部信息，从而捕捉到问题背后的深层含义，仿佛它具备读心的能力。BERT 在"培训"期间已经浏览了大量文本，包括从古至今的广泛信息。这使它能够捕捉到语言随时间演变的微妙变化。所以当我们提出问题时，它可以结合丰富的背景知识进行理解和回答。

一旦 BERT 把握住了我们的问题，它就变成了一个精确的信息导航员，在互联网这个庞大的书店中迅速找到答案。它懂得区分哪些信息最相关，哪些信息可以忽略，帮我们过滤掉不必要的干扰信息，直接引导我们找到想要的答案。

有了 BERT 的帮助，搜索引擎的工作方式已经不仅仅是简单的关键词匹配了，而是能够理解搜索的深层含义。这意味着当我们下一次在网上搜索问题时，得到的回答将更准确，更符合我们的真实意图。这也就是我们后文所要提到的预训练。

（2）强大的生成机器——GPT。相信在这个时代，我们对 GPT 都不陌生，但是我们之前提到的"GPT"其实是"ChatGPT"，那属于一个 AI 工具，而对于现在所说的 GPT，在理解之前，我们同样打个比方：有位作家不仅能写小说，还可以写诗、写剧本，甚至可以把一种语言的作品翻译成另一种语言的作品，这个作家就是一个非常强大的生成机器，也就是 GPT，这是一种有广泛应用的人工智能模型，通过它可以"创作"出故事、新闻报道、文案甚至学术论文。

其实 GPT 就是一位准作家，在成名前，它沉浸在无数的图书和文章中，不断地阅读和学习。通过这个过程，它掌握了句子的构建技巧，了解了故事的基本结构，知道了如何在论文中清晰地表达观点等语言的基本规则。GPT 的这种"预训练"实际上就是在互联网上广泛地吸收文本信息来学习语言的各种模式和规律。一旦预训练阶段完成，GPT 就像是拿起笔的作家，开始根据它之前的阅读和理解创作全新的内容了。

GPT 创作文本的方法是预测下一个词会是什么，就好比一个故事讲述者，在讲到悬念部分时，会思考下一步应该如何吸引听众。这样的过程让 GPT 不仅仅是重复已知的信息，而是能够创作出全新的、连贯的文本。我们可以以一个例子来说明这个抽象的过程，即我们给 GPT 一个开头，如"很久很久以前，有一个流浪汉"，GPT 就可以根据它的预训练，继续写出一个完美的故事来。

问：

请你从"很久很久以前，有一个流浪汉"继续编写一个童话故事。

答：

很久很久以前，有一个流浪汉，他名叫奥利。奥利一无所有，只有一顶破旧的帽子和一只破背包。但他有一颗善良的心和乐于助人的精神。他在森林中的小路上流浪，虽然没有家，但他觉得自由的生活也有它独特的乐趣。

一天，奥利在森林里发现了一条没有标记的小道。好奇心驱使他沿着这条道走去，途中他遇到了各种各样的动物，它们对奥利友好而热情。在这条道上，他遇到了一只受伤的小鹿。小鹿的腿被荆棘划伤，奥利轻轻地帮它清理伤口，并用自己的围巾包扎好。小鹿感激地看着奥利，跳跃着消失在森林深处。

夜幕降临，奥利找了一个树洞做临时的住所。就在他准备睡觉的时候，一位老妇人出现在他的面前。她自称是森林的守护者，因为奥利的善行而来感谢他。她告诉奥利，森林中藏有一个神秘的宝藏，可以满足找到它的人一个愿望。她给了奥利一张地图，指出宝藏的大致位置，并消失在夜色中。

奥利决定寻找这个宝藏。第二天，他按照地图上的标记，通过密林和山丘，途经幽静的湖泊。在旅途中，他帮助了更多的动物，包括一只困在树上的小猫和一群找不到回家路的小鸭子。每一次帮助它们，他都感到内心的快乐和满足。

几天后，奥利终于到达了地图上标记的地方，那里是一个被茂密藤蔓覆盖的古老石门。通过解开门上的谜题，门缓缓开启，露出一个装满金币和珍宝的洞穴。但是奥利并没有贪心地把宝藏拿走，他只拿了一枚金币，并且许下了愿望：希望自己能有一个真正的家。他回到了村子，用那枚金币买了一小块地，建了一座温馨的小屋。他继续帮助经过他家的旅人和动物。不久，他的故事传遍了四周的村庄，越来越多的人来到他的小屋，他们带来食物、书籍和其他物资，共同分享。奥利的小屋变成了一个欢乐和希望的所在。

最终，奥利不再是一个流浪汉，而是村庄里受人尊敬的老人，他的故事一代代传承下去，激励着每一个听到他故事的人，去帮助他人，寻找属于自己的幸福。故事告诉我们，善良与乐于助人是通往幸福生活的钥匙，而真正的宝藏其实就藏在我们每个人的心中。

当然，在文本生成方面，它也可以帮助我们完成创作，或者自动生成相关新闻报道。比如，最近蔬菜涨价，我们可以让它生成一篇关于现在蔬菜价格的新闻报道。

问：

现在的菜价很高，请你帮我生成一篇关于现在蔬菜价格的新闻报道。

答：

最近，中国蔬菜价格显著上涨，主要因素包括极端气候条件，如高温和频繁的降雨。相关数据显示，由于夏季高温对蔬菜生长的不利影响以及强降雨导致的供应链问题，从6月到8月，蔬菜的批发价格出现了大幅上升。例如，监测的28种蔬菜的平均批发价格在短短两个月内从每公斤4.29元涨至6元，涨幅达到了39.9%。

高温和降雨不仅影响了蔬菜的产量，还令道路受损影响了蔬菜的收割和运输，从而进一步推高了市场价格。分析师预计，虽然短期内蔬菜价格可能会继续上涨，但随着季节变化和天气预报的影响，高价格不可持续，预计从9月初开始，蔬菜价格将进入季节性下降通道。

这种价格波动不仅影响了消费者的日常生活，也引发了市场对未来食品安全和供应稳定性的关注（CGTN）。同时，据最新的零售价格数据，当前在北京和上海，新鲜蔬菜的零售价格范围在每公斤28.57元到56.53元之间。

考虑到这种状况，建议消费者关注价格变动，适时调整购买策略，并考虑采用一些储存和食用的策略来应对价格高涨期。同时，监管部门和相关机构需要加强市场监管，确保供应链的稳定，以抑制无序价格波动，保障消费者利益。

GPT 就像一个超级助手,能够快速浏览一篇长文章,抓住重点列出一个清晰的摘要。在翻译方面,它能够轻松地把一种语言转换成另一种,且保持原意不变。它还能让聊天机器人聊天更加自然,就像和真人聊天一样。在教育领域,GPT 能定制个性化的学习资料,让学生学习更有效率。对于游戏开发者来说,它还能创造出引人入胜的故事和对话,让游戏世界更加丰富多彩。我们以一个游戏的开发为例,为某一款游戏创建一段吸引玩家的对话,如下所示。

问:

我要推出一款游戏,游戏的起源为"十年后的重逢",请以这个故事为楔子来写一个合适的对话,要符合这个游戏场景。

答:

针对您所提出的游戏故事起源"十年后的重逢",以下是四个不同场景的对话设计,每个场景均围绕主题展开,以增强情感共鸣和故事深度。

场景一:旧地重游

地点:城市公园的老榆树下。

人物:主角(Alex)和青梅竹马(Sam)。

对话:

Alex:"这棵老榆树还在,记得我们曾在这里发誓要永远是朋友吗?"

Sam:"当然记得。那时候我们还只是孩子,不懂得永远有多长。"

Alex:"十年了,Sam,从这片叶子落下到我们再次站在这里。"

Sam:"时间真是个奇怪的东西,带走了很多,却又给了我们重逢的机会。"

场景二:毕业典礼

地点:高中毕业典礼现场。

人物:主角(Alex)和曾经最好的朋友(Jamie)。

对话:

Jamie:"Alex?真没想到能在这里遇见你,你还好吗?"

Alex:"我很好,Jamie,你呢?十年了,一切都变了吧?"

Jamie:"变了也没变,心里的那份梦想还在。还记得我们毕业那天的誓言吗?"

Alex:"记得,我们说要改变世界呢。"

Jamie:"是的,虽然路不同,但我们的方向没有错。"

场景三：小镇咖啡馆

地点：小镇上熟悉的咖啡馆。

人物：主角（Alex）和青梅竹马（Taylor）。

对话：

Taylor："Alex，你还喝摩卡吗？"

Alex："现在更喜欢浓缩了。Taylor，看到你真好。"

Taylor："是啊，谁能想到我们会在这里重逢。"

Alex："时间好像一直在推我们前行，但又在某个转角让我们停下。"

场景四：机场偶遇

地点：繁忙的城市机场。

人物：主角（Alex）和曾经的好友（Chris）。

对话：

Chris："Alex？这是你吗？不敢相信这是真的！"

Alex："是我，Chris。没想到在这种地方见到你。"

Chris："这么多年过去了，一切都好吗？"

Alex："一切都好，你呢？世界这么大，还是遇见了你。"

我们可以看到，GPT 可以在任何场景应用，但是它并不是完美的。GPT 的生成结果可能不完全符合主题或包含错误，这是因为它的学习资料中存在偏差。因此，尽管 GPT 具备强大的辅助功能，但它所输出的内容仍然需要人工校验与调整。

【第 2 章】
使用 AI

在 AI 时代，AI 就是通往未来的智慧之路，它不但是工具，而且重新定义了人类的沟通方式。本书以"文心一言"为例介绍如何使用 AI 工具来辅助我们撰写论文，同时会覆盖很多重要的大模型，如 ChatGPT、微软的 BingAI 及通义千问等。

2.1　AI 界面介绍

2.1.1　文心一言界面介绍

文心一言是一款由百度开发的中文大型语言模型，专为理解和生成中文内容设计。该模型基于百度自研的 ERNIE 框架，致力处理和优化自然语言理解和生成任务。文心一言能够在多种场景中应用，包括文本摘要、对话系统、内容生成和语义搜索等。它还支持个性化推荐和智能客服等功能，展示了 AI 在语言处理领域的先进技术和广泛应用潜力。我们通过搜索引擎，搜索文心一言，就会出现如图 2—1 的界面。

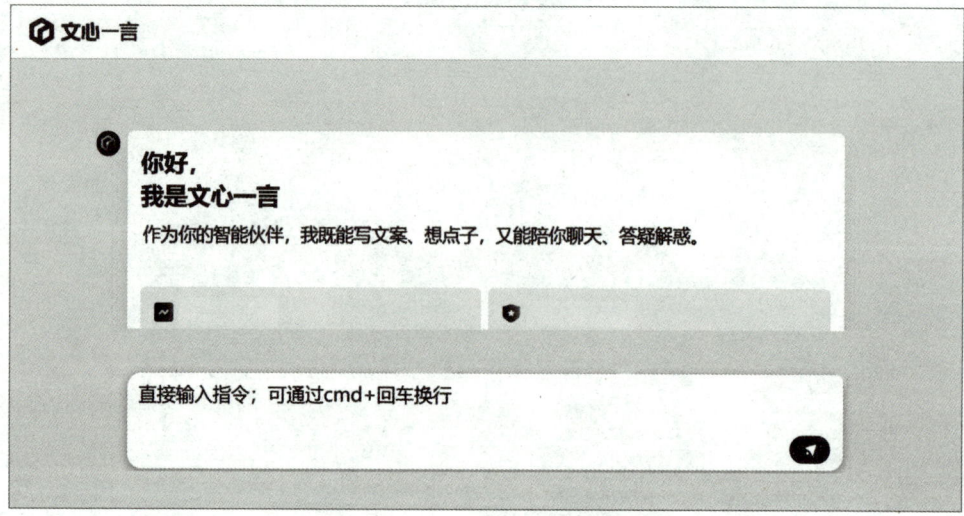

图 2—1　百度文心一言的界面

点击右上角的"立即登录"按钮，就会弹出如图 2—2 的登录界面。

图 2—2　文心一言登录界面

如果有百度账号,可以直接输入账号(手机号或用户名或邮箱)和密码进行登录,或者使用与百度相关的 APP 扫码登录并进入文心一言的主页。如果没有百度账号,则可以点击右下角的"立即注册",在弹出的如图 2—3 所示界面中,输入用户名、手机号、密码和验证码,进行注册即可。

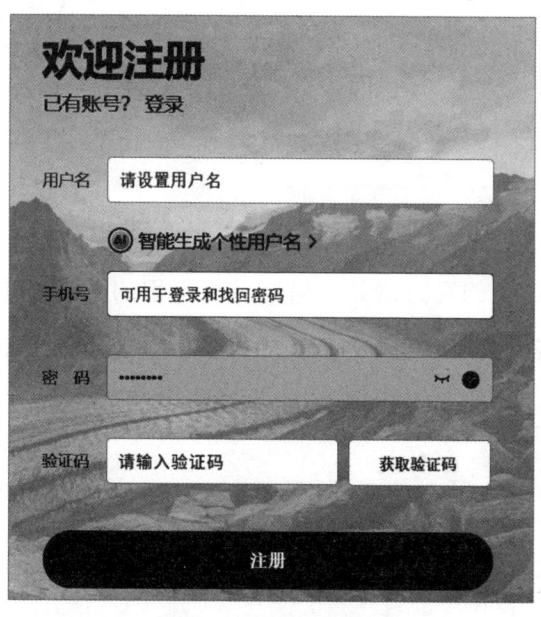

图 2—3　百度的注册页

2.1.2　ChatGPT 界面介绍

ChatGPT 是 OpenAI 开发的基于 Transformer 架构的语言模型，主要功能是生成自然对话。该模型是生成式预训练模型（generative pretrained transformer, GPT）的特定变体，通过深度学习技术预训练大量数据，以掌握语言理解和生成的能力。ChatGPT 专注于模拟人类的对话方式，能在多种场景下提供流畅且连贯的文本，被广泛应用于客服、辅助写作、教育培训等领域，通过不断地迭代优化，其在理解复杂问题和生成精确回答方面能力不断增强。ChatGPT 经历了四次发展和提升。GPT-4 是 OpenAI 开发的第四代大型语言模型，如图 2—4 所示。

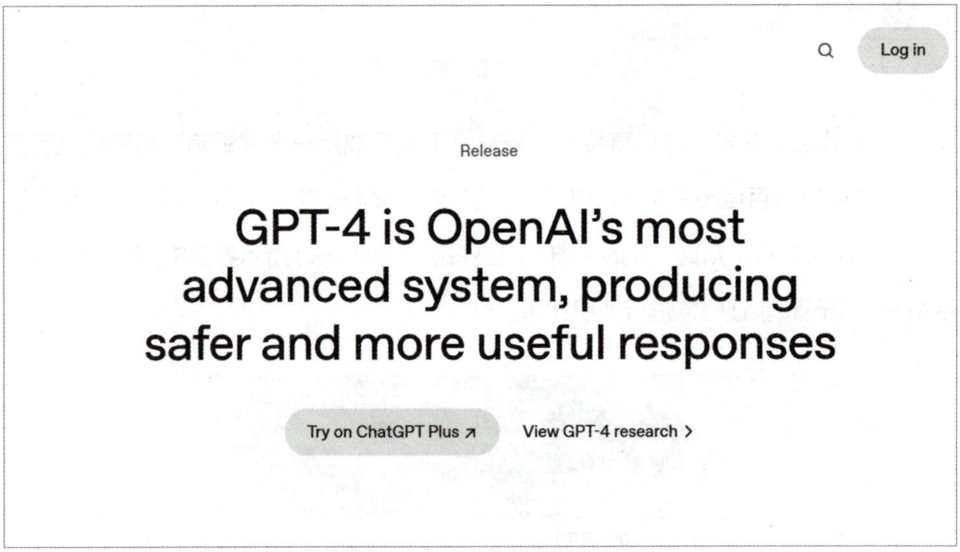

图 2—4　ChatGPT 的官网截图

要访问 ChatGPT 的官方网站，可以通过可用的网络，输入网址"https://openai.com"，在网页顶部找到"Products"菜单，展开后可见图 2—5 所示界面。接着，点击页面右上角的"ChatGPT login"按钮，按提示完成注册流程。

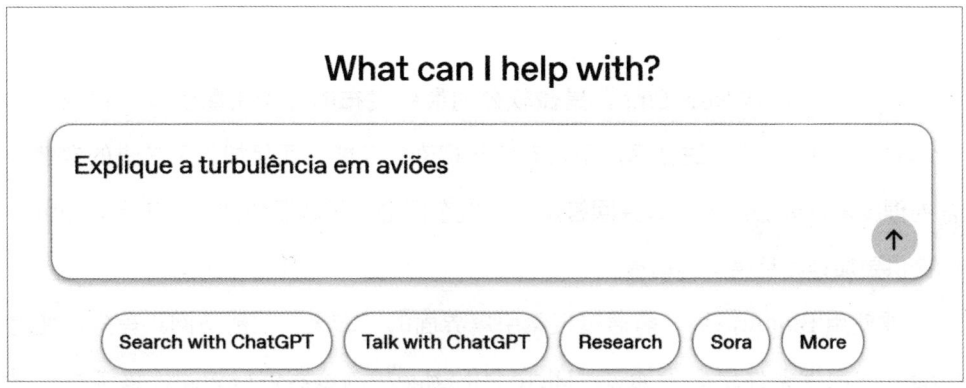

图 2—5　ChatGPT 的官网页面

随后，一个新窗口会出现，显示 ChatGPT 的操作界面。值得一提的是，未注册用户亦可以用临时身份进行访问，使用基于 ChatGPT3.5 模型的基本功能，如图 2—6 所示。

图 2—6　ChatGPT 的基础功能使用页面

点击注册，输入电子邮件地址和密码等，就可以注册 ChatGPT 的账户了。注册界面如图 2—7 所示。

图 2—7　ChatGPT 的注册页面

2.1.3 BingAI 界面介绍

BingAI 也叫作 New Bing，是微软公司最新发布的搜索引擎版本，它融合了 OpenAI 的 GPT-4 的先进技术，不仅有传统搜索的功能，而且加入了先进的自然语言处理技术，能够深入理解并回答用户的复杂问题。相较于传统搜索工具，BingAI 能提供更加详尽且精确的信息。

要使用 BingAI，用户需通过搜索引擎界面的"聊天"功能访问。首先，使用 BingAI 的前提条件是必须通过"Microsoft Edge"浏览器进行访问，该浏览器是 Windows 10 和 Windows 11 系统的标配组件，也可通过常规方式下载安装。其次，用户需访问 bing.com，并在页面右上角选择"登录"选项，如图 2—8 所示。

图 2—8　Bing 页面的登录界面

注册或者登录 Microsoft 的账户，如图 2—9。

图 2—9　登录 Microsoft 账户

我们在输入电子邮箱和密码后就可以正常使用 BingAI 了，如图 2—10 所示。

图 2—10　Bing 页面的登录界面

2.1.4　通义千问界面介绍

阿里云公司于 2023 年 9 月 13 日推出了通义千问（https://tongyi.aliyun.com/qianwen/），这是一个集成了 AI 技术的综合性智能助理。通义千问旨在通过提高工作效率、学习成效和生活品质，帮助用户更好地完成日常任务。该平台不仅支持深层次的多轮对话，还拥有文案创作、逻辑分析、多模态理解等高级特性。无论是完成小说创作、邮件撰写，还是进行多语种交流，通义千问均能轻松应对。其多模态理解功能亦使其在处理包括图文在内的多种数据时表现出色。主页面如图 2—11 所示。

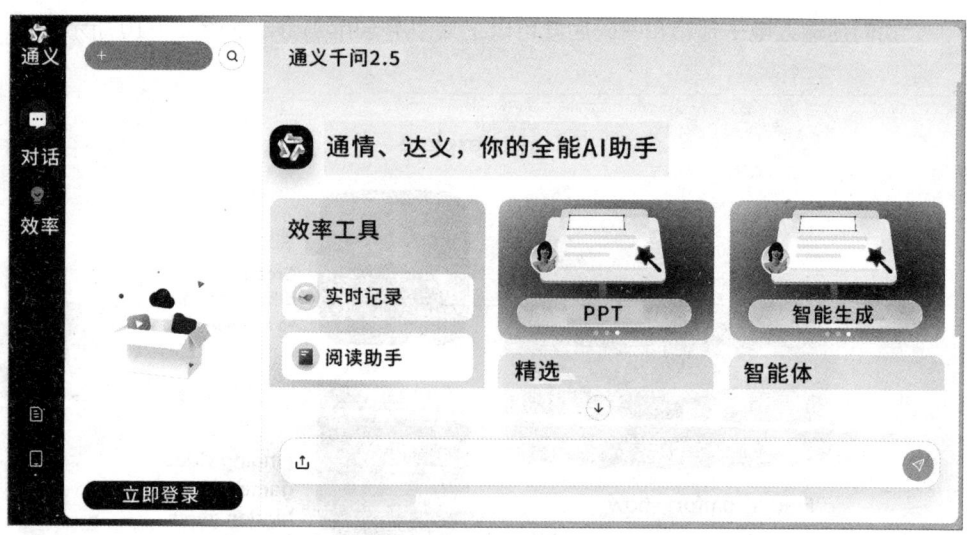

图 2—11　通义千问的主页面

点击左下角的"登录"按钮,可以进入如图 2—12 所示的界面,输入手机号和验证码,即可登录使用了。

图 2—12　通义千问的注册页面

2.2 如何提问

我们了解了国内外的主流 AI 工具，那么在使用过程中，应该如何提问呢？

对于 AI 工具，提问方法是非常关键的，因为只有合理地提问，才会让 AI 工具明白我们需要什么样的答案。比如，我们在写作论文时，对于某一个点的需求明确，可以直接询问"在处理 XX 问题时，最有效的方法是什么？"这样的提问方式直接且具体，有助于 AI 工具提供更精准的回答。在使用百度文心一言等工具时，确保问题的具体性和目的性是获取有效信息的关键。例如，如果需要探讨特定领域的创新策略，应明确提出"在 XX 领域中，哪些创新策略被证明是有效的？"这种方式能够促使 AI 准确理解需求，从而输出更加相关和实用的信息。

简单来讲，无论我们是利用 AI 工具辅助写论文，还是做其他的工作，它们都不会所谓的"读心术"，所以就要给这些工具明确的"指令"，让它们知道，我们想让它们干什么，以及从哪方面去做。

2.2.1 使用系统推荐的提问方法

在登录文心一言的主页后，我们可以点击左侧的"百宝箱"按钮，如图 2—13 所示。

图 2—13 文心一言"百宝箱"功能按钮

在接下来弹出的对话框中搜索"论文"即可看到系统推荐的提问方法。如图2—14，我们可以看到有答辩指令、论文选题指导、论文创作、论文大纲辅导和论文选题五个选项。

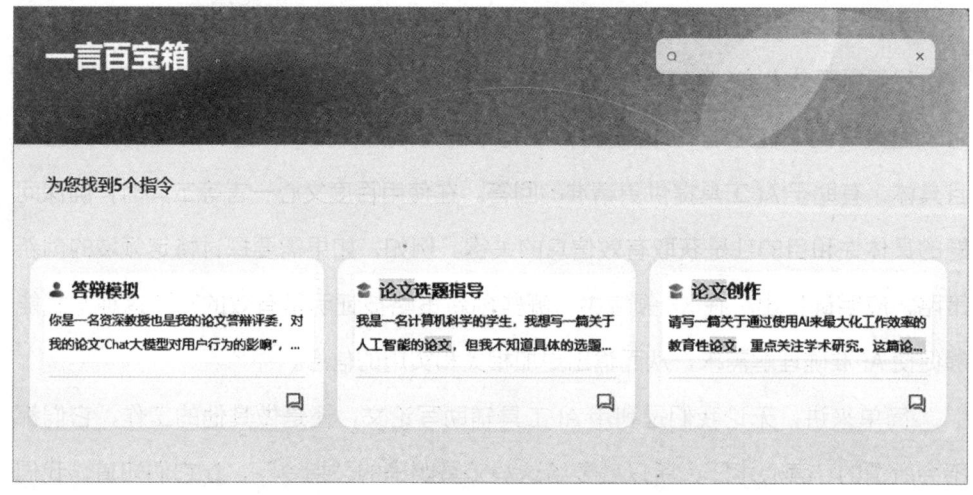

图2—14　文心一言搜索"论文"后的百宝箱界面

点击"论文选题指导"选项，会跳转到原有的文心一言聊天界面，并在问题框中自动生成一段提问，如图2—15，我们可以更改其中的专业、写作目的等，然后点击发送即可。

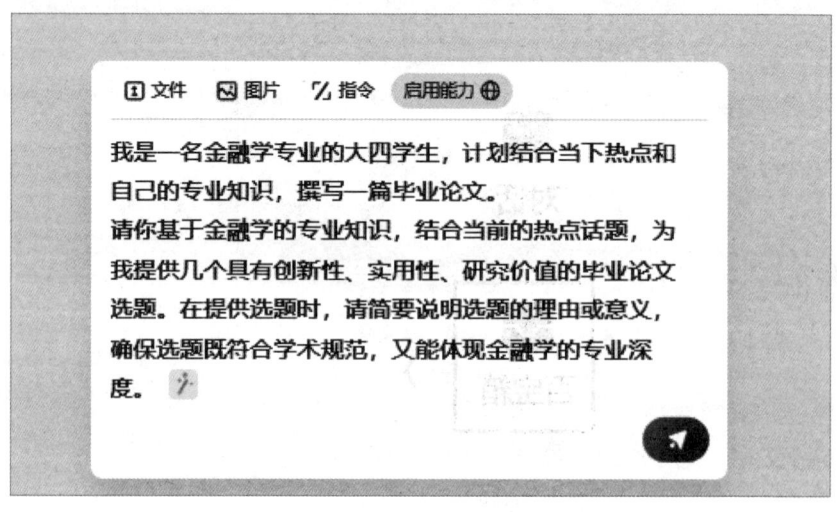

图2—15　文心一言自动提问展示

2.2.2　提供详尽的信息来提问

我们所提出的问题，要包含全部的重要信息和细节，切记不要让 AI 工具去猜测我们需要什么，而应该让它根据我们的"指令"为我们提供相关信息。

下面，我们以法学生要写一篇关于"合同诈骗罪的司法认定"的论文为例进行介绍。其中，要写一些关于"诈骗罪的特性特征分析"，我们可以向 AI 直接提问。

> **问：**
> 请你帮我分析一下"诈骗罪的特性特征"。
>
> **答：**
> 诈骗罪在法学中被视为一种侵犯财产权的犯罪形式，其核心在于以非法占有为目的，通过欺诈手段实现。具体到合同诈骗，这种行为通常涉及在合同交易中故意提供虚假信息或隐瞒关键事实，以误导对方做出财产上的处分，进而达到非法占有财产的目的。以下是合同诈骗的几个特性特征：
>
> 欺诈行为：这是构成诈骗罪的基础。在合同诈骗中，欺诈行为可能体现为虚构事实或隐瞒真相，使对方在错误的认识下做出处分财产的决定。
>
> 非法占有的目的：行为人进行欺诈的根本目的是非法占有他人财产。这种目的性是区分诈骗罪与其他经济犯罪（如合同违约）的关键因素。
>
> 造成经济损失：受害方因行为人的欺诈行为而遭受实际的经济损失，这是诈骗罪成立的必要条件之一。在合同诈骗中，这种损失通常直接体现为金钱上的损失。
>
> 违法性：合同诈骗的行为不仅违背了合同法的诚信原则，也构成了刑法意义上的违法行为，侵犯了合法权益者的财产权。
>
> 刑事责任：对于证明有合同诈骗行为的个体，司法机关将追究其刑事责任，可能包括但不限于罚金、监禁等刑事处罚。

可以看到，AI 工具对于诈骗罪的特性特征分析的讲解过于简单，可能它并不是我们所想要的答案。所以说，为了能得到更好的答案，我们可以继续优化提问，让 AI 能更懂我们的要求。比如，我们可以给它提供如下信息：

- 我们这篇论文的主题是：合同诈骗的司法认定。
- 论文的角度是哪方面？

- 诈骗罪的特性分析有几个角度，分别是什么？
- 所生成内容的语言风格如何？

……

根据上面的提示内容，我们对提示方式做了如下优化。

问：

我是一名法学专业的学生，要写一篇关于"合同诈骗的司法认定"的论文，请你结合法学相关知识，帮我解释一下，"诈骗罪的特性特征分析"，其中从欺骗行为、处分行为、财产损失和非法占有目的的四个角度来进行分析。要符合学术论文的特点和风格。

答：

诈骗罪的法学分析：从四个角度探讨

诈骗罪作为一种普遍的经济犯罪类型，在法学研究和司法实践中占有重要地位。以下详细分析诈骗罪的四个核心要素：欺骗行为、处分行为、财产损失以及非法占有目的。

（1）欺骗行为的法律认定

欺骗行为是构成诈骗罪的首要要素，其本质在于行为人通过虚构事实或隐瞒真相，误导受害者做出错误的判断，从而引起受害者的财产处分。这种行为可以通过多种方式实现，如伪造文件、虚构事实、夸大情况等。

行为方式的多样性：欺骗可以是直接说谎，也可以是通过技术手段，如伪造证件、虚构在线身份等方式进行。不论采取何种形式，其核心在于信息的不真实性。

欺骗的法律评价：在法律上评价一个行为是否构成欺骗，关键在于行为是否足以影响一般人做出财产处分的决定。这不仅仅取决于行为本身，还要考虑行为发生的具体环境和受害者的个人条件。

案例分析：在司法实践中，欺骗行为的认定常常涉及对行为人意图的推断。例如，若一人销售所谓的"未来科技产品"，实则该产品无任何科技基础和实用价值，其行为可被认定为欺骗。

（2）处分行为的法律性质

处分行为是指受害者在欺骗行为的影响下所做出的财产转移决定。它是诈骗罪成立的直接后果，体现了欺骗行为对受害者决策的影响。

决策的误导性：关键在于受害者是否在误解的基础上作出了处分决定。如果无法证明受害者是在误导下做出财产处分，那么即便存在欺骗行为，也不足以构成诈骗罪。

处分行为的自愿性：受害者的处分行为必须是自愿的，即在受到误导的情况下自主做出的。这区分了诈骗罪和强制犯罪如抢劫或敲诈勒索。

法律后果：处分行为导致的法律后果是受害者财产权的转移或损失，这一转移或损失必须是直接且实际的。

（3）财产损失的实质和评估

财产损失是评估诈骗罪影响和判决重要性的关键。在法律上，明确财产损失的性质和数额是诈骗罪定罪与量刑的重要依据。

损失的实质性：受害者所遭受的损失必须是具体的、可量化的。这意味着仅仅基于潜在损失的预测或估算通常不足以构成诈骗罪的证据。

损失的直接性：财产损失必须是直接由欺骗行为和处分行为导致的。如果损失的发生有其他间接因素参与，那么这可能影响到罪行的认定。

评估标准：在实践中，财产损失的评估涉及市场价值、替代成本、实际使用价值等多个方面。法院在审理中会综合这些因素进行判断。

（4）非法占有目的的主观要求

非法占有目的是诈骗罪的主观要素，反映了行为人实施诈骗行为的内心动机和最终目的。这一要素的存在是区分诈骗罪与其他类似行为（如民事欺诈）的关键。

主观恶意的证明：非法占有目的的证明通常较为复杂，需要通过行为人的行为模式、以往行为记录、实施行为时的具体情况等多种证据来推断。

动机的多样性：非法占有的目的可能是为了直接的经济利益，也可能是为了获取其他间接利益（如竞争优势、市场地位等）。无论何种动机，其核心在于非法利用受害者的财产资源。

目的与行为的关联性：在法律上，非法占有目的不仅需要存在，还必须与欺骗行为和处分行为有直接的因果联系。即行为人的非法占有目的必须是推动其实施欺骗行为的主要因素。

结论

通过对诈骗罪的核心要素——欺骗行为、处分行为、财产损失、非法占有目的的深入分析，可以更准确地理解和运用相关法律规定。这种综合分析不仅有助于法律实践者在案件处理中更有效地应用法律，也为预防和打击诈骗犯罪提供了理论支持。此外，对于法学教育和公共知识普及，此类分析同样具有重要价值，即能够增强公众对法律的理解和信任，促进法治社会的建设。

2.2.3　让 AI 工具扮演一个角色

我们可以让 AI 工具扮演一个角色，让它在接到相应指令之后，在后续的语言生成上扮演这个角色，用角色的语言来完成我们的任务。

在论文辅助生成上，我们基本上都要用到"扮演角色"的方式，这样才能保证生成的内容有学术性并且不会偏离主题。

下面仍以上面的问题为例，询问 AI 能否详细解释"欺骗行为"。

在 AI 工具未被赋予角色时，答案生成如下所示。

> **问：**
> 请解释一下"合同诈骗中的欺骗行为"。
>
> **答：**
> 合同诈骗中的欺骗行为指的是当事人在合同订立过程中，通过虚构事实或隐瞒真相的方式，诱使对方在不知情的情况下做出错误的意思表示，从而达到非法占有对方财物的目的。这种行为侵犯了合同自由和真实意思表示的原则，严重时可构成刑事犯罪。

由上文可知，在没有赋予 AI 工具角色时，它对问题的生成仅限于表面意思，答案非常随意，没有专业性。因此，我们做了一些改变，赋予它"法学教授"的角色，以下是它扮演"法学教授"为我们提供的回答。

> **问：**
> 假设你是一名中华人民共和国的法学专业的教授，请解释一下"合同诈骗中的欺骗行为"，并给出学术角度的回答。
>
> **答：**
> 合同诈骗中的欺骗行为在《中华人民共和国刑法》及《中华人民共和国劳动合同法》体系下具有复杂且严重的性质。此类欺骗行为通常涉及在合同订立或履行过程中的故意误导，包括虚构事实或隐瞒关键信息，以诱导对方在不知情的情况下做

出对其不利的经济决策，从而导致财产损失。具体来说，合同诈骗的欺骗行为首先表现为与处分行为和财产损失具有直接因果关系的前置行为。欺骗行为的实施不仅是诈骗行为的触发因素，也是导致被害人财产损失的直接原因。其次，从行为的性质来看，这种欺骗行为通常直接由犯罪行为人实施，并且反映了其对犯罪全过程的主导和操控。此外，从犯罪学角度分析，合同诈骗通常属于蓄谋犯罪，即犯罪行为人在明确的犯罪意图驱动下自觉实施的行为。

学术上对于欺骗行为的认定，强调其在诈骗犯罪中的核心地位。欺骗行为必须导致无对价或近似无对价的财产转移，这是刑事诈骗与民事欺诈的区分标准之一。民事欺诈虽包含刑事诈骗，但并非所有民事欺诈均构成刑事诈骗。仅有那些对社会造成严重危害且财产转移没有合理对价的情况，才可能触及刑事诈骗的法律认定。

因此，合同诈骗中的欺骗行为不仅需要从行为的形式（明示、暗示、不作为、不作为）来分析，还需考虑欺骗的内容、程度及其对交易公平性和诚实信用原则的破坏。这种分析方法有助于在实务中准确区分和处理涉及合同诈骗的案件，保障经济交易的正当性和法律的公平实施。

2.2.4 用好 AI 工具的提示词

什么是提示词？提示词（prompt）是用户与 AI 之间沟通的桥梁，无论是在语言学习领域还是在人机交互系统中，提示词都是一种关键的工具，用于引导用户或系统执行特定任务或提供特定信息。提示词可以是一种以文本形式或语音输入来引导用户或者系统来进行特定任务的工具。

提示词如同导师的指引，可以帮助学习者记忆和掌握新的词汇或语法结构。比如，在学习新词汇时，提示词提供使用这些词汇的上下文信息，说明它们的用法和搭配方式，从而促进学习者对词汇的理解和记忆。当探索语法时，提示词也会引导学习者回顾和巩固特定的语法规则，提高学习者对新语法或词语时态的熟悉度。在人机交互系统中，提示词的作用同样不可小觑。它们通过指导用户与系统互动，优化用户体验，使交互更加流畅和高效。提示词在这里主要起到增强界面友好性和操作指引的作用，确保用户能够有效而准确地使用技术系统完成既定任务。

在文心一言中，我们可以输入自定义的提示词与 AI 进行交流，如图 2—16 所示，在下方的输入框中输入提示词即可。

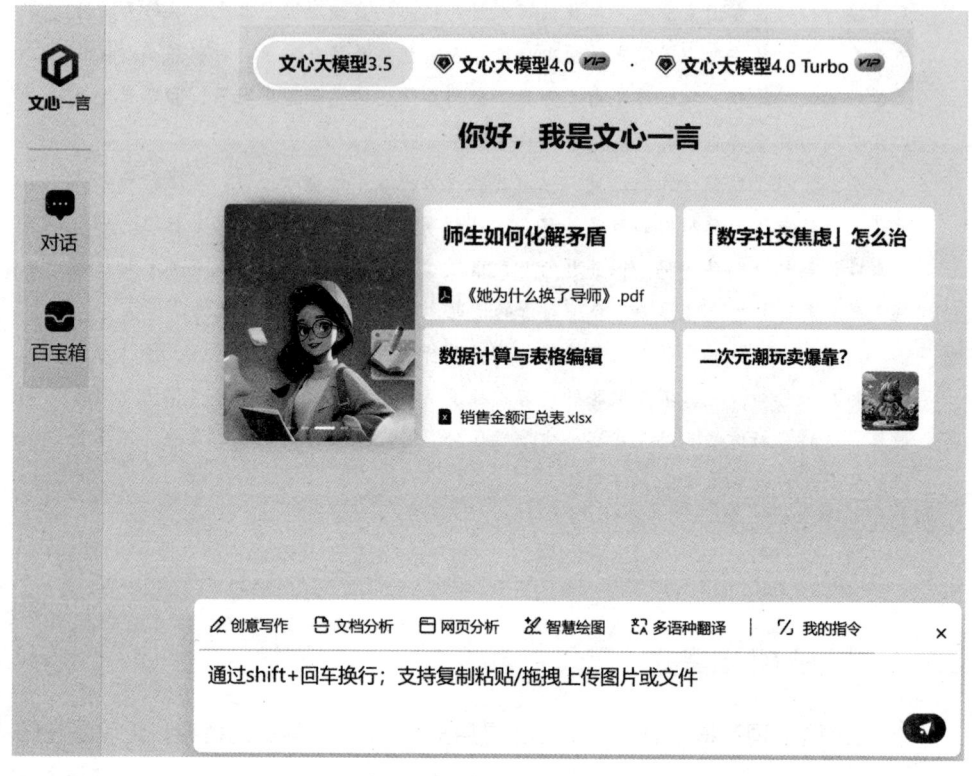

图 2—16　文心一言输入提示词的对话框

2.3 训练和微调 AI 工具

AI 工具通过模拟人类认知功能来执行各种任务，如语言翻译、图像识别和数据分析等。这些工具依赖于复杂的算法和大量数据，以学习如何有效地处理和响应不同的情况和查询。而要使 AI 工具达到理想性能，单靠初始的算法设计和基础数据训练往往不够。此时，进一步的训练变得至关重要。所以，我们学会使用 AI 工具之后，还需要对 AI 工具进行训练和微调。

2.3.1 告诉 AI 工具它需要几步

我们在使用 AI 工具的时候，可以把一个复杂的任务分解成多个步骤，再把具体的步骤列出来，这样就可以让 AI 在理解的时候更有效地遵循指令。我们可以先看一个例子，这个例子在论文辅助写作中很常用。我们首先给出一段文本，再提炼出摘要部分，然后把这段文字翻译成英文。比如我们可以这样给 AI 工具指令，如下所示。

请按照下面的步骤来回答系统的输入。

第一步：

我会给你一段带有三重引号的文本，请把这段文本总结为一句话，并且以"摘要"二字来作为前缀。

第二步：

把第一步中提炼出的"摘要"翻译成英语，并以"翻译"作为前缀。

第三步：

在右下角写上落款为："张三"。

我们尝试在 AI 工具中进行试验，如下所示。

问：

请你按照下面的步骤来回答我的问题。

第一步：

我会给你一段带有三重引号的文本，请把这段文本总结为一句话，并且以"摘要"二字来作为前缀。

第二步：

把第一步中提炼出的"摘要"翻译成英语，并以"翻译"作为前缀。

第三步：

在右下角写上落款为："张三"。

文本：""" 一般认为，从合同诈骗罪与诈骗罪的关系上看，诈骗罪是普通犯罪，合同诈骗罪是特殊犯罪，而特别犯罪的适用以符合普通犯罪为前提。因此，虽然合同诈骗罪具有其独立的价值以及其独立的构成条件，但适用合同诈骗罪必须以符合诈骗罪的一般性特征为前提，亦既符合合同诈骗罪必然也符合诈骗罪。因此，明确诈骗罪的基本特征，是研究本罪的前提。

《中华人民共和国刑法》较为抽象地规定了诈骗罪。诈骗罪是指以非法占有为目的，用虚构事实或者隐瞒真相的方法，骗取公私财物，数额较大的行为。其中"虚构事实，隐瞒真相"可以理解为行为人的欺骗行为，"骗取公私财物"可以理解为对被害人造成了财产损失，处分人（在这里处分人可以是被害人也可以是被害人之外的第三人）的处分行为则是在作为前因的行为人的欺骗行为以及作为后果的被害人财产损失之间起连接作用的重要因素，也是诈骗罪作为自损型犯罪区分于盗窃罪、抢劫罪等他损型犯罪的关键性要素。从主观方面来看，诈骗罪为故意犯罪没有争议，而如何区分诈骗犯罪与民事上的欺骗等情形，这又取决于是否具有"非法占有"的主观目的。"""

答：

摘要：通常认为，合同诈骗罪作为一种特殊犯罪，其适用必须建立在满足诈骗罪的普通特征的基础上，对诈骗罪的基本特征有清晰的界定是研究此罪的前提。

翻译: It is generally believed that contract fraud, as a specific crime, must be applied based on the fulfillment of the general characteristics of fraud, and a clear definition of the basic features of fraud is a prerequisite for studying this crime.

张三

2.3.2 为 AI 工具提供参考文本

AI 工具可以通过参考文本获取一些额外的信息，同时这能使其更好地回答我们的问题。

比如，我们给 AI 提供一个由三重引号引起来的文章，让它根据这段内容来回答问题。让我们看看 AI 的表现。

问：

请你根据我所提供的如下三重引号中的文本来回答下面的问题，如果在文章中找不到答案，请写"我找不到答案"。

文本：""" 第一千二百五十九条　民法所称的"以上""以下""以内""届满"，包括本数；所称的"不满""超过""以外"，不包括本数。第一千二百六十条　本法自 2021 年 1 月 1 日起施行。《中华人民共和国婚姻法》《中华人民共和国继承法》《中华人民共和国民法通则》《中华人民共和国收养法》《中华人民共和国担保法》《中华人民共和国合同法》《中华人民共和国物权法》《中华人民共和国侵权责任法》《中华人民共和国民法总则》同时废止。"""

问题 1：《中华人民共和国物权法》是否废止，如废止请写出它的废止时间。

问题 2：《中华人民共和国劳动保险条例》是否废止，如废止请写出它的废止时间。

答：

问题 1：《中华人民共和国物权法》已废止，废止时间为 2021 年 1 月 1 日。

问题 2：我找不到答案。

可以看到，AI 在我们给它提供参考文本之后，可以回答出准确的答案。由此可以联想，我们在写作论文的时候，是否可以通过提取文本来回答问题呢？文心一言中也集成了相应的功能，如图 2—17 所示。

图 2—17　文心一言上传文件页面

我们点击图中红方框中的位置就可以上传相应的文件了，点击之后可以看到如图 2—18 所示的上传文件的页面。

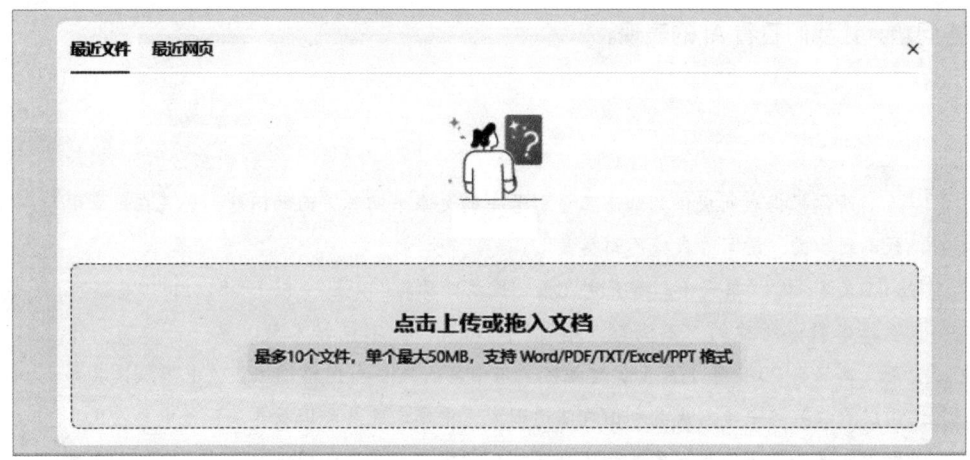

图 2—18　文心一言上传文件的页面

现阶段的文心一言最多支持上传 10 个文件，单个文件大小不超过 50 Mb，支持 Word/PDF/TXT/Excel/PPT 等格式。如下，我们可以看一下，在上传文件之后 AI 工具的具体表现。

问：

我会给你上传一份 PDF 文件，请你在深度理解这个文件内容之后，归纳出其中关于离婚的法律条文。

中华人民共和国民法典.pdf

答：

在《中华人民共和国民法典》中，关于离婚的主要法律规定包含在第五编"婚姻家庭"中。具体法条如下：

第一千零七十六条　夫妻双方自愿离婚的，应当签订书面离婚协议，并亲自到婚姻登记机关申请离婚登记。

离婚协议应当载明双方自愿离婚的意思表示和对子女抚养、财产以及债务处理等事项协商一致的意见。

……

第一千零九十二条　夫妻一方隐藏、转移、变卖、毁损、挥霍夫妻共同财产，或者伪造夫妻共同债务企图侵占另一方财产的，在离婚分割夫妻共同财产时，对该方可以少分或者不分。离婚后，另一方发现有上述行为的，可以向人民法院提起诉讼，请求再次分割夫妻共同财产。[①]

可以看到，AI 通过使用我们上传的文件，提供了合理的解释。在写作论文的过程中，对于繁杂的参考资料，我们也可以直接上传，让它帮助分析筛选出想要的答案。

[①] 注：本书省略 AI 所生成答案中的部分内容，仅做展示。

2.3.3　把 AI 当成"人"，让它学会思考

虽然 AI 工具只是个机器，但有的时候我们要把它当成"人"来看待，因为它是非常"懒"的，懒到我们让它判断对错的时候，它会把一些看上去是对的东西直接判定为对的。例如：

> **问：**
> 请你判断这位同学的回答是否是正确的？问题和答案在三重引号内。
> ""小马虎做一道减法算式时，因为粗心把被减数 52 看成 25，这样算出来的结果是 21。请问正确的差是多少？
> 学生的解答：被减数原来是 52，学生误认为是 25，25-21=4，实际上应该是 52-27=25，所以答案是 25。"""
>
> **答：**
> 这个小朋友的答案是正确的。原始算式中被减数应为 52，但学生误将其视为 25，然后用 25 减去 21 得出了 4。实际上，正确的算式应为 52 减去 27，结果为 25。

我们可以看到 AI 工具也在一本正经地胡说八道，对于这个题目，看上去小马虎作答的过程是对的，AI 也就想当然认为他最后的答案是对的，但实际上是错误的。AI 并没有认真思考，给出了错误的结论。所以，我们要对 AI 工具进行微调，引导它去思考。比如，首先引导 ChatGPT 自行找出解答上面问题的答案，然后再和上面同学的解答进行比较，再去评判学生的答案是否正确。仍旧以上面的数学题目为例，我们可以这么做。

> **问：**
> 在——范围之内，我提出了一个问题和学生的解答过程：
> ——

问题：

请你判断这位同学的回答是否是正确的？问题和答案在三重引号内。

"""小马虎做一道减法算式时，因为粗心把被减数52看成25，这样算出来的结果是21。请问正确的差是多少？

学生的解答：被减数原来是52，学生误认为是25，25-21=4，实际上应该是52-27=25，所以答案是25。"""

现在我需要你进行以下两步：

第一步，按照你自己的方法去解答这个数学问题，并且把详细的解答步骤列出来。

第二步，根据你的解答和学生解答作对比，判断学生的解答是不是正确。

首先，我们来解决这个数学问题，然后评价学生的回答。

答：

解题步骤：

第一，根据问题描述，小马虎将被减数52误看作25，得到的结果是21。设未知的减数为 x。则有：

$$25-x=21$$

第二，从上式解出 x：

$$x=25-21=4$$

所以减数是4。

第三，现在，我们使用正确的被减数52，来计算正确的差：

$$52-4=48$$

因此，正确的差是48。

对比学生的解答：

学生的解答提到，"25-21=4"，这一部分是正确的，但是学生随后将52误减为27而不是正确的减数4。所以，学生的最终答案"52-27=25"是错误的。

正确的解答应该是"52-4=48"。

综上所述，学生的解答是错误的。正确答案应该是48。

所以说，我们应该积极引导AI工具进行思考，这样才可以让大模型无法"偷懒"，让它通过一个引导的过程，给我们正确的回复。

我们在写作学术论文的时候，需要相对结构化的思维，而 AI 可以给我们带来什么呢？从论文题目的选择、前言的写作、文献综述、理论框架的组织到论文写作等方面，都可以使用 AI 来进行辅助。AI 技术的融入使学术论文的写作过程变得更为高效和精准，从而让研究者可以将更多的精力投入到创新和研究深度的提升上。这种技术的支持不仅仅是助力完成任务，更是在推动整个学术研究领域向前发展。

第2部分

AI 辅助论文写作

【第3章】
选择合适的论文题目

在选择论文题目时,引领一项成功的学术探索始于一个精心挑选的研究问题。一个理想的题目不仅应激发研究者的热情,还要确保能够探索新领域,填补知识空白。高效利用可用资源,匹配研究者的技能集,并在学术界和实际应用中产生显著影响,这样的论文题目无疑会提升研究者的研究影响力。

　　选择正确的论文题目,不仅是学术生涯的起点,更是通向成功的桥梁。我们可以尝试使用 AI 工具辅助学术论文选题的方法,但需要注意:AI 工具只是起辅助作用,不能代替研究者或者学生的思考和判断,而且在使用 AI 工具所生成的内容时,要确保文本的正确性和合理性,同时不能侵犯他人的知识产权。

3.1 利用 AI 选定论文选题

在构建学术论文选题时，一个整体的框架式提问方法显得尤为重要。这种方法不仅为我们提供了一种系统化的探索途径，而且能够确保研究的全面性和深入性。通过精心设计的问题框架，研究者能够明确地界定研究主题的边界和核心要素，从而更有效地利用 AI 工具来辅助研究方向的确定。

3.1.1 整体化提问研究方法

使用 AI 工具的时候，一般会用它进行简单整体化的提问，下面仍以法学研究为例，使用 AI 工具辅助确定研究方向。对此，我们可以告诉 AI 我们的身份、背景和最终的任务等信息，让 AI 给我们提供反馈。

> **问：**
>
> 现在请你担任我的研究生导师的角色。我是一名马上毕业的在读研究生，我的专业是民商法学，研究方向是民法典方向。现在我需要写一篇硕士论文，我需要你帮我指导，研究方向中有哪些高质量的参考选题方向。
>
> **答：**
>
> 在民商法学领域，特别是民法典方向的研究，有许多具有深度和广度的题目可以探索。以下是十个可能的高质量研究方向，供你作为硕士论文的参考：
>
> 民法典中的财产权利制度：探讨民法典如何规范物权，包括所有权、使用权和抵押权等，及其对现代经济活动的影响。
>
> 合同法中的自由与限制：分析民法典中合同自由原则的适用及其受到的限制，特别是在消费者保护和公平交易方面。
>
> 人格权的法律保护：研究民法典对于个人人格权的规定，如隐私权、姓名权和肖像权等的保护和法律适用问题。
>
> 继承法的现代适应性：探讨民法典继承法规定在当代社会中的适应性，包括遗嘱自由和法定继承的冲突。
>
> 债权法的创新与挑战：分析民法典中债权法的新发展，如网络借贷、消费金融等现代金融活动对债权法的挑战。

> 婚姻家庭法的变革与实践：研究民法典中婚姻家庭法的变革，特别是关于婚姻平等、子女抚养和财产分配的法律实践。
> 民法典中侵权责任的实际应用：探讨侵权行为法规中的责任原则，如过错责任与无过错责任的适用，以及对现代社会的影响。
> 电子商务中的法律问题：分析民法典在电子商务交易中的适用问题，包括在线合同的成立、履行以及争议解决。
> 知识产权与民法典的关系：探索知识产权保护与民法典中相应规定的衔接，特别是在版权、商标权方面的法律适用。
> 跨境法律问题与民法典：研究在全球化背景下，民法典如何适应跨境交易、国际婚姻等法律问题的处理。
> 每个题目都可以根据具体的研究兴趣和现有资料进行进一步的深化和拓展。选择适合的研究方向，不仅能够加深你对民商法学的理解，还可以为你的法律职业生涯奠定坚实的基础。

可以看到，AI 的回答基本符合我们的要求。因为它了解到我们的目的，给了相对明确的回答，但是在仔细研究之后发现这些选题方向相对比较宽泛，并不具体，所以还需要进一步斟酌，引导 AI 帮助我们确定合适的选题。

3.1.2 分步找到合适的选题

在毕业论文写作中，确定一个好的研究方向是非常重要的。研究方向的确定决定了论文的研究内容和表达方式。那么，如何确立一个好的研究方向呢？对此，可以在下面的步骤中穿插 AI 工具的使用，让它来辅助我们确立研究方向。

要有效地进行专业领域的研究，首先要确保自己对该领域的最新发展和主要热点有足够的了解。以民商法为例，这意味着研究者需要全面掌握《中华人民共和国民法典》的内容、相关的法律理论、最新的法律改革动态以及当前学界关注的热点问题。

其次，研究者需要基于这些信息，选择适合的研究角度和方法来定位研究问题。例如，可以选择探讨法律在实际应用中遇到的问题，或是分析法律改革对现实生活的具体影响。

最后,根据所选的研究问题,形成一个明确的研究观点。这个观点将指导整个研究过程,帮助研究者深入分析并得出有价值的研究成果。这样条理化的步骤能帮助研究者系统地进行研究,确保研究的深度和广度。我们可以用到上文曾提到的训练 AI 工具的方法,让 AI 辅助我们确定选题。

1. 确定合适的研究对象

研究对象指的是在研究活动中关注的主体或现象,它的选择依据研究目标和提出的问题。在学术论文中,研究对象作为调查与分析的核心,是不可或缺的一部分。为了确保论文的清晰性和目的性,必须对研究对象进行准确的定义和描述,这样才能清楚地把握研究的重点和意图。

下面仍以民商法的论文为例,可以询问 AI 工具,民商法角度的民法典角度,有什么合适的研究对象。

> **问:**
>
> 现在请你担任我的研究生导师的角色。我是一名马上毕业的在读研究生,我的专业是民商法学,研究方向是民法典方向。现在我需要写一篇硕士论文,我需要你帮我指导,在民法典方向上,现今趋势中,有哪些合适的研究对象?
>
> **答:**
>
> 在民法典方向上,当前有几个值得关注的研究对象,它们不仅具有理论深度,也有实践中的应用价值:
>
> 合同法的适用问题:考虑到合同法是民法典中的核心组成部分,可以研究合同成立、效力、解除以及履行过程中的法律问题,特别是在电子商务交易日益普及的背景下,如何适应新的商业模式,保障合同当事人的合法权益。
>
> 民法典中物权的动态调整:随着经济社会的发展,物权的种类和性质也在发生变化,可以研究如何通过法律调整来适应土地使用权、知识产权和其他新兴财产权利的变化。
>
> 家庭法与继承法的现代挑战:探讨现代社会中家庭结构和角色变化对家庭法及继承法的影响,包括非婚同居关系、单亲家庭等问题的法律适用。
>
> 民法典中侵权责任法的应用与挑战:在人工智能、大数据等技术日益应用

的情况下，探讨侵权责任法规则在新技术背景下的适用性问题，例如自动驾驶车辆事故的责任划分。

消费者权益保护：随着消费者权益意识的提升，研究消费者权益保护法的完善，尤其是在在线购物、金融服务等领域的具体实施问题。

这些研究对象均围绕当前社会、经济发展的需求，通过深入研究，可以提供有价值的法律见解和政策建议，对你的学术发展和职业规划均有重要意义。

可以看到，AI 筛选出来了五个角度，我们可以看看是否有符合要求的研究方向，如果不符合预期，那么多次调整对 AI 的提问即可。如下，假设上面的研究方向都不太合适，我们可以和 AI 继续对话。

问：

我认为上面的研究对象不太新颖，可能不符合我的要求，能否从更新颖的角度，为我再生成几个研究对象？

答：

当然，可以从更新颖和前沿的角度，探讨以下几个民法典相关的研究对象：

数字遗产的法律规制：随着数字资产（如社交媒体账户、数字货币、在线身份）的普及，探索这些资产在用户去世后的法律处理方式，尤其是继承权和隐私权的冲突。

智能合约与合同自动履行的法律问题：研究区块链技术中智能合约的法律地位和挑战，如合同自动履行带来的法律责任、强制执行问题及其对传统合同理论的冲击。

生物技术与人格权的新议题：探讨基因编辑、生物识别等生物技术在民法典中的人格权问题，包括隐私权、身体权和数据保护等。

环境权的法律承认与保护：在气候变化和环境恶化的大背景下，研究如何在法律上承认和保护环境权，作为一种新的人权来进行立法和司法实践。

人工智能与法人地位的辨析：分析人工智能在特定情境下可能具备的"法人地位"，探讨其法律责任和权利能否及如何归属于 AI 实体。

这些研究对象涉及当前法律研究和实践中的热点问题，具有较高的学术价值和实用前景，能够满足你对新颖性的要求。

如果AI给出的回答仍不满足要求,我们可以继续调整。假如我们对"合同法的适用问题"感兴趣,可以让AI工具继续优化,如下:

问:

我对你所提供的"合同法的适用问题:考虑到合同法是民法典中的核心组成部分,可以研究合同成立、效力、解除以及履行过程中的法律问题,特别是在电子商务交易日益普及的背景下,如何适应新的商业模式,保障合同当事人的合法权益。"比较感兴趣,你能继续深化一下这个研究对象吗?

答:

关于合同法的适用问题,在电子商务环境下的具体研究可以深入以下几个方向:

合同成立的电子方式:研究在无纸化交易环境下,合同如何通过电子签名、点击同意等方式成立,并探讨这些方式在法律上的有效性和受认可的界限。

跨境电子合同的法律适用:分析跨境电子商务活动中合同适用法律的选择问题,包括冲突法规则的适用、国际私法中的相关条款,以及如何处理不同国家法律规定的差异。

合同解除与履行的争议解决:探讨电子商务中常见的合同纠纷类型,如商品或服务不符合约定、延迟交付、退货和退款争议等,以及采用什么样的争议解决机制更高效,例如在线仲裁和调解。

消费者保护与电子合同:研究在电子交易中消费者权益的保障措施,特别是信息透明、公平交易和隐私保护等方面的法律规定和实践问题。

智能合同的法律挑战:随着区块链技术的应用,智能合同成为可能。研究智能合同在自动执行过程中可能出现的法律问题,如合同条款的解释、执行错误的责任归属以及技术故障导致的法律后果。

通过这些具体的研究方向,你可以深入探索电子商务环境下合同法的现代适用问题,为现有法律提出改进意见或新的解决方案,旨在更好地适应数字化交易的新趋势。这样的研究不仅对法学领域具有理论价值,也对实践中的法律应用具有重要意义。

2. 匹配合理的研究角度

选择合理的研究角度是确保论文研究深度和广度的关键步骤。合理的研究角度应当能够明确地指向问题的核心,同时能展现问题的复杂性和多维性。

比如，要写一篇关于电子合同的论文，首先需要找到一个特别的问题来研究，如研究跨国电子合同在法律上应该怎么处理，因为不同国家的法律可能互相冲突，这在现实中是个很常见的问题。其次，需要考虑自己的论文能否解决一些实际问题，或者能否给现实世界的法律政策提出一些改进的建议。再次，需要确保能找到足够的资料和数据支持自己的研究，这样论文才能站得住脚。如果是分析数据，就用统计方法；如果是深入了解个别案例，就用案例分析方法。最后，需要考虑自己的研究能为电子合同这一领域带来怎样的新见解或新理解。通过这样的思考，我们就可以确定一个既新颖又实用，而且能得到足够支持的研究角度，这样写出来的论文才有深度和影响力。

我们来看一下，如何用 AI 辅助来确定合理的研究角度。

问：

我是一名马上毕业的在读研究生，我的专业是民商法学，研究方向是民法典方向。请你担任我的硕士生导师，现在我需要写一篇硕士论文，目前确定的方向是"消费者保护与电子合同"，需要匹配相应的研究理论。请按照下面的步骤来进行。第一步，列出民商法中常用的 10 个理论。第二步，根据研究对象，从以上 10 个理论中找到一个合适的理论并给出理由。第三步，根据你所提供的理论，来输出最后的选题。

答：

为了协助你在"消费者保护与电子合同"领域撰写硕士论文，可以参考以下步骤和建议：

第一步：常用的民商法理论

契约自由原则：契约自由原则是民商法中的基础理论，主张当事人有自由决定是否订立合同、选择合作方以及商定合同内容的权利。

善意第三人保护原则：这一原则是为了保护那些在不知情的情况下与他人订立合同的第三方的合法权益。

不当得利原则：涉及在没有法律依据下获利的一方，需将不当利益返还给损失方。

公平原则：在合同的执行和解释中，需考虑公平性，保护双方当事人的利益平衡。

诚信原则：要求合同双方诚实守信，公正地行使权利，履行义务。

合同有效性原则：涉及合同的成立、效力以及执行，确保合同的法律约束力。

风险分担原则：指在合同执行过程中，如何合理分配各种不可预见的风险。

最小干预原则：法律对经济活动的干预应当尽可能少，只在必要时才进行介入。

信息披露原则：特别是在电子合同中，要求卖方对商品或服务的重要信息进行充分披露。

消费者保护原则：强调在合同中保护消费者的利益，尤其是在信息不对称的情况下。

第二步：选择合适的理论并给出理由

针对"消费者保护与电子合同"这一研究主题，信息披露原则和消费者保护原则最为适合。这两个原则直接关联电子合同中的信息不对称问题和需要增强的消费者权益保护问题，尤其是在数字化交易环境中，确保消费者能获取必要的合同信息，是保障其利益的关键。

第三步：论文选题建议

电子合同中的信息披露义务与消费者权益保护：研究信息披露在电子合同中的法律规定及其对消费者权益的保护作用。

电子合同的诚信原则与消费者权益：探讨诚信原则在电子合同中的应用及其对保护消费者权益的影响。

技术创新与电子合同法律问题：以区块链技术为例，研究区块链技术如何改善电子合同的透明度和安全性，及其对消费者权益的潜在影响。

这些选题将有助于深入探索电子合同领域中的关键问题，同时能够对理论与实践的结合提供新的视角。你可以根据个人兴趣和已有资料选择其中的一个或多个选题进行研究。

之后，我们根据 AI 工具所生成的论文选题角度，对上面的建议进行归纳总结，找到适合的研究角度即可。

3. 找到合适的研究方法

研究方法是用于收集和分析数据进而回答研究问题和检验研究假说的技巧和流程。研究方法主要有以下几点，如表 3—1 所示。

表 3—1　论文写作中常见的研究方法

调查	调查是一种通过问卷或访谈从大量人群中收集数据的研究方法。调查法通常用于收集关于人们的态度、信念和行为信息等
实验	实验是一种操控一个或多个变量以观察其对另一个变量的影响的研究方法。实验法通常用于检验因果关系
案例研究	案例研究是一种对个人、群体或事件进行深入查证的研究方法。案例研究法通常用于收集关于某个特定现象的详细信息
观察	观察是一种查看和记录个人或群体行为的研究方法。观察法经常被用于收集关于自然行为的信息
内容分析	内容分析是一种分析和解释书面文字或口语内容的研究方法。内容分析法通常用于分析大量数据，如新闻报道或社交媒体帖子
历史研究	历史研究是一种通过一次文献和二次文献（如文件、文物和照片）研究过去的事件的研究方法

不同的研究方法的结合可以优化市场洞察，提高策略的实施效果。例如，在进行产品测试后，通过市场调查可以获取消费者的反馈和行为数据，这有助于企业更精准地调整市场策略和产品定位。这种方法论的融合不仅有效拓展了数据应用的广度和深度，也为制定更有效的市场接入和发展策略提供了实证支持。

如何用 AI 来辅助确定论文的研究方法，有以下几种，我们可以尝试哪种更适合我们的论文研究。例如：

问：

请你给出选定上面三种研究方法的理由,并确定三种研究方法的先后顺序。

答：

为了进一步详细阐述每种研究方法在您的研究主题"电子合同中的信息披露义务与消费者权益保护"中的具体应用,下面结合研究内容进行详细说明：

(1) 比较研究法

应用内容：首先,您可以选取几个具有代表性的国家或地区,如欧盟、美国和中国,分析它们在电子合同信息披露义务方面的立法规定。例如,探讨GDPR(通用数据保护条例)如何影响电子合同中的信息披露,美国如何通过联邦贸易委员会的规定来保护消费者,以及中国电子商务法中的相关规定。比较这些法律体系中对于信息披露的要求、消费者权利保护措施以及违规的法律后果。

具体步骤：收集和整理这些地区的法律文本、学术文章和司法案例,分析其相似之处和差异,以及各自的优势和劣势。这一阶段可以借助法律数据库、国际组织报告及相关学术期刊。

(2) 案例分析法

应用内容：选择具体的电子合同争议案例,分析信息披露义务未能履行导致的法律后果和对消费者权益的影响。例如,分析消费者因信息披露不充分而遭受的损失的案例,研究法院如何处理这些案件、判决的依据及其对立法和实践的影响。

具体步骤：通过访问法院记录、法律评论或专业律师的案例分析来收集案例。深入分析每个案例的事实、争议点、法院的判决理由以及判决对相关法律条文的解释和应用。

(3) 实证研究法

应用内容：通过设计问卷调查或访谈,收集消费者在电子合同交易中的真实体验和对信息披露的看法。研究消费者是否了解其权利,是否经常遭遇信息披露不全的情况,以及这种情况对他们决策的影响。

具体步骤：制定调查问卷,包括关于消费者对电子合同信息披露的认知、满意度、遭遇的问题以及期望的改进措施等问题。此外,可以通过访谈法律专家、电子商务平台运营者等,获取更全面的视角。收集数据后,使用统计软件进行数据分析,以揭示主要趋势和问题。

这三种方法的顺序安排确保了研究从宏观到微观再到实证的逻辑性和系统性,逐步深入,每个阶段为后续阶段提供理论支持和实践依据,最终形成一个全面综合的研究成果。

4. 形成明确的研究观点

确立最终的研究观点是学术论文研究中最关键的一点。确定明确的研究观点意味着在选题的基础上,阐述一个具体而明确的立场或假设,这将指导整个研究的方向和内容。这一观点是对我们所要研究问题的一个明确的回答或是对现有研究的一个补充或挑战。它的目的是提供一个清晰的研究目标,确保研究过程中的每个步骤都围绕这一中心观点进行。下面仍以"电子合同中的信息披露义务与消费者权益保护"的研究方向为例,借助 AI 工具为我们形成明确的研究观点。

问:

我是一名马上毕业的在读研究生,我的专业是民商法学,研究方向是民法典方向。请你担任我的硕士生导师,现在我需要写一篇硕士论文,目前确定的方向是"电子合同中的信息披露义务与消费者权益保护",其中会用到比较研究法、案例分析法和实证研究法。现在我需要形成明确的研究观点,请你从学术论文的视角通过提问,引导我得到最终的研究观点。

答:

为了帮助您形成一个明确的研究观点,我们可以通过一系列问题来逐步深入探讨,并引导您思考如何将您的研究目标与具体的研究方法联系起来。以下是一些关键问题和我所能提供的答案,可以帮助您思考并最终确定您的研究观点:

(1) 问题定义

重要的信息披露类型:在电子合同中,关键的信息包括商品或服务的详细描述、价格、付款条件、退换货政策、数据使用和隐私政策等。这些信息对于消费者做出知情决策至关重要。

现有的挑战:挑战可能包括信息披露的不完整性、难以理解的合同条款、隐藏的费用和条件等，这些都可能损害消费者的利益和影响消费者的决策能力。

（2）现有法律评估

法律规定：当前的法律可能规定了基本的信息披露要求，但实际效果可能因监管不足或法律漏洞而减弱。

效果评估：在实际应用中，尽管有明确的规定，信息披露的实际执行可能仍不足以保护消费者，因为法律条款可能过于宽泛或执行力度不够。

（3）国际视角

国际处理方式：比如，欧盟通过 GDPR 和消费者权益指令提供了较高标准的信息披露要求和强大的消费者保护。

优秀实践：欧盟的法规可能被视为一个有效的模型，因为其强调透明度和消费者的知情权。

（4）案例探究

具体案例：可以研究一些关于在线购物的案例，其中消费者因未充分披露的信息而受到误导购买不适当的商品。

法院处理：法院可能侧重于合同的公平性和透明性，裁决支持消费者的权利，要求商家赔偿或改进信息披露实践。

（5）消费者视角

消费者看法：消费者可能普遍感觉信息不透明，尤其是在服务条款和数据使用方面。

影响购买决策：不充分或不透明的信息披露显著影响消费者信任和购买意愿，可能导致消费者放弃某些在线交易。

考虑到以上分析和问题探讨，您的研究观点可以具体为：

"在电子合同中，加强信息披露义务特别是关于服务条款和数据使用的透明度，是确保消费者权益得到有效保护的关键。通过国际法规的比较分析、具体案例的深入探究，以及消费者实际体验的实证研究，本研究旨在揭示现行法律的不足，并提出具体的改进建议，以增强法律的实施效力和消费者的信任。"

这个研究观点明确指出了电子合同中信息披露的重要性，并强调了对服务条款和数据使用透明度的特别关注。同时，这一观点也为您的研究提供了一个明确的框架，包括通过比较法研究、案例分析和实证研究三种方法，系统地探讨和验证法律规定在实际中的执行情况，以及消费者的感知和反应。这将帮助您在学术上深入理解问题，并对现实世界的法律改革提出可行的建议。

3.1.3 搜集相关文献和趋势分析来确定选题

1. 通过模仿选题来给出参考选题

如果我们想要从"合同订立"的角度来写这篇学术论文,那么就可以在"中国知网"搜索关于"合同订立"的硕士论文,如图3—1所示。

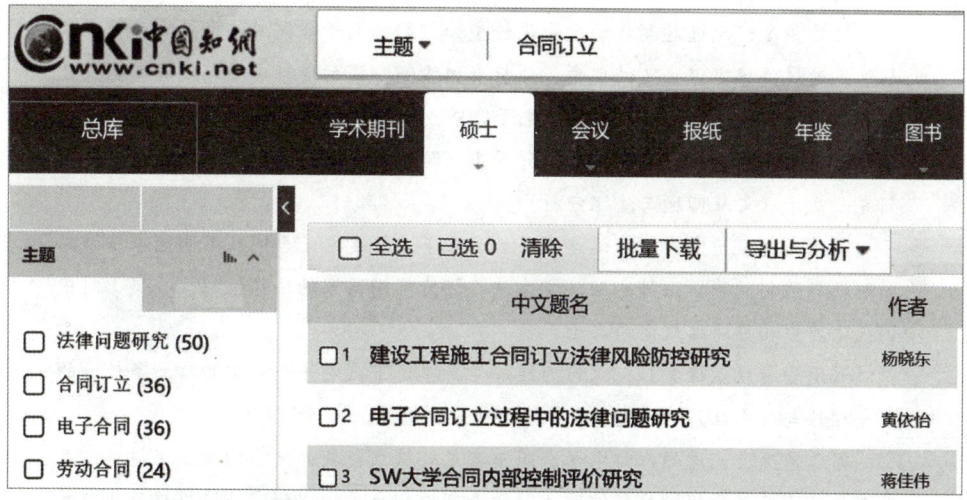

图3—1 知网搜索的关于"合同订立"的论文

之后我们从中可以选择一个合适的题目,如《中华人民共和国民法典背景下电子合同订立法律问题研究》,让AI工具根据这个示例生成一个参考选题。

> **问:**
>
> 我是一名马上毕业的在读研究生,我的专业是民商法学,研究方向是民法典方向。请你担任我的硕士生导师,现在我需要写一篇硕士论文,我需要你的指导。请根据"中华人民共和国民法典背景下电子合同订立法律问题研究"这个选题,为我推荐相关的选题,选题的结构如下:"(研究观点):(研究理论)视角下/背景下(研究对象)的(研究角度)的研究——基于(研究方法)"。

答:

很高兴能够帮助你准备硕士论文。根据你的研究方向"中华人民共和国民法典背景下电子合同订立法律问题研究",我为你提出以下几个研究选题及其写作角度:

(数字化转型):(法律实证主义)视角下(电子合同的有效性)的研究——基于(案例分析)

写作角度:此选题聚焦于数字化转型如何影响电子合同的法律效力和受承认程度。通过法律实证主义的视角,分析具体案例,探讨现行中华人民共和国民法典(以下简称民法典)如何适用于电子合同,以及可能的法律空白或争议。

(技术发展):(比较法学)背景下(跨境电子合同)的(解释与适用)的研究——基于(文献回顾与法律分析)

写作角度:研究在技术迅速发展的背景下,跨境电子合同在不同国家法域中的解释与适用问题。通过比较法学方法,评价不同国家的法律框架,并提出对中国民法典中相关法律规定的启示。

(消费者权益保护):(行为经济学)视角下(电子合同中的格式条款)的(合理性与公平性)的研究——基于(规范法学研究)

写作角度:此选题探讨电子合同中常见的格式条款如何影响消费者权益,尤其是从行为经济学视角分析这些条款的合理性和公平性。研究将依据规范法学的方法,提出对格式条款的法律评价和改进建议。

(互联网治理):(系统理论)背景下(电子合同的隐私保护)的(法律规制)的研究——基于(实证研究与政策分析)

写作角度:分析在全球互联网治理架构下,电子合同中的隐私保护问题。利用系统理论来理解不同层级(国际、国家、行业)的政策如何共同影响电子合同的隐私保护措施,并通过实证研究支持政策建议的制定。

这些选题都紧密结合了现代技术背景与法律实践,可以帮助你从多角度深入分析电子合同的相关法律问题。你可以根据自己的兴趣和可获取的资源选择一个具体的研究方向。如果需要进一步的讨论或资料支持,请随时告诉我。

可以看到,AI 工具所给出的选题可以作为我们的参考选题,如果我们对其长度或者某个词语不满意,可以继续和 AI 工具进行对话,最终形成令我们满意的论文题目。

第 3 章 选择合适的论文题目

问：

略。①

答：

略。

2. 通过大量文献来总结选题

前文中讲过，文心一言的聊天对话框中，支持上传 10 个 50 MB 以下的 Word/PDF/TXT/Excel/PPT 格式的文件，所以我们在确定选题的时候，可以提供几个相关的文件，让 AI 经过分析，总结出合理的选题。如图 3—2 所示。

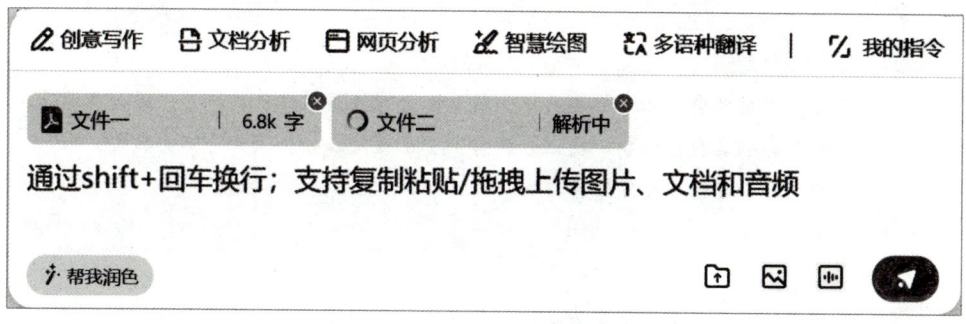

图 3—2　文心一言上传文件的界面

在上传过程中，如果上传成功，会显示"阅读中"，如果 AI 工具阅读完成，会显示实际字数，如果出现如图 3—3 所示的"阅读失败"提示，点击上面的 x，再重新上传即可。

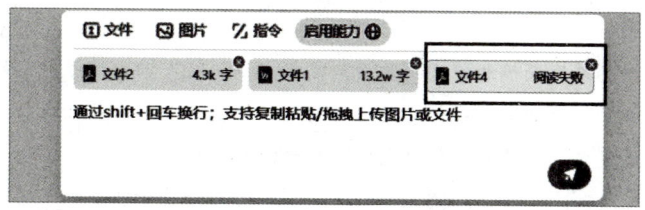

图 3—3　文心一言上传文件的失败界面

---

① 为了节省篇幅，我们会对一些对话中简单的问答采取略过处理，请知悉。

等待文件上传成功，我们在下面的聊天对话框中输入相关问题即可。

问：

我是一名马上毕业的在读研究生，我的专业是民商法学，研究方向是民法典方向。请你担任我的硕士生导师，现在我需要写一篇硕士论文，我需要你的指导。我刚才上传了10个文件，请你在阅读上面10个文件之后，根据文件的主体内容，为我推荐相关的选题，选题的结构如下："（研究观点）：（研究理论）视角下／背景下（研究对象）的（研究角度）的研究——基于（研究方法）"。

答：

在阅读了你提供的文件内容后，特别是"文件1.docx"，我为你推荐以下硕士论文选题。

（经济利益保护）：（行为经济学）视角下（消费者权益保护）的（理性与非理性行为）的研究——基于（实证分析）

研究将探讨消费者在市场交易中如何展示出理性与非理性的行为，并分析这些行为如何影响其权益保护。实证分析将侧重于收集和分析消费者交易数据，以揭示行为经济学理论在实际法律应用中的效力和局限。

（公平交易）：（契约法理论）背景下（电子合同）的（自愿与强制）的研究——基于（案例研究）

本研究旨在通过案例研究方法，分析在电子合同环境中，消费者是如何在自愿与强制的法律框架内做出决策的。研究将侧重于如何通过改进法律政策和合同条款来增强交易的公平性。

（技术创新与法律适应）：（信息技术法）视角下（智能合同）的（合法性与执行）的研究——基于（比较法研究）

这项研究将探讨智能合同的法律问题，特别是它们的合法性和执行力。通过比较法，分析不同国家如何适应这一新技术，以及这些适应措施对合同执行和消费者保护的影响。

每个选题都具有明确的研究视角、对象和方法，这有助于确保研究的系统性和深度。选择哪一选题取决于您对理论与实际结合的兴趣，以及可获取资源的多少。希望这些建议能为您的论文研究提供有价值的方向。

3.2 选题的最终测评

通过前面的过程，在借助 AI 工具的前提下，我们可以推导出相对不错的选题，但是对于学术论文而言，评测这个选题的可行性、质量和必要性等也是非常关键的。那么，借助 AI 工具是否可以帮助我们对选题进行测评呢？答案是肯定的，在此有以下几个方法可以灵活使用。

3.2.1 直接评测

即将我们确定的选题直接给到 AI 工具，让它对选题进行评测分析。

问：

我是一名马上毕业的在读研究生，我的专业是民商法学，研究方向是民法典方向。请你担任我的硕士生导师，现在我需要写一篇硕士论文，我需要你的指导。我所确定的选题如下："行为经济学视角下消费者权益保护的理性与非理性行为的研究——基于实证分析"，请你从创新性、完整性、价值性、科学性等维度，对这个选题进行测评，并综合分析选题的优缺点，同时给出相应的建议。

答：

您选择的论文题目："行为经济学视角下消费者权益保护的理性与非理性行为的研究——基于实证分析"是一个非常具有前瞻性和实用性的选题。以下是对这一选题从创新性、完整性、价值性和科学性几个维度的测评，以及对选题的优缺点的综合分析和建议：

（1）创新性

优点：该题目将行为经济学理论应用于消费者权益保护的研究中，特别是在分析理性与非理性行为方面，这提供了一个新的视角来理解和解决消费者法律问题。这种跨学科的视角可以揭示消费者行为背后的深层次动机和潜在的市场失灵现象。

缺点：行为经济学在消费者保护领域可能已有一定的研究，因此必须确保您的研究提供了足够的新见解或采用了独特的研究方法，以区别于已有的文献。

(2) 完整性

优点：选题清晰地定义了研究的理论框架和实证分析方法，这有助于构建一项结构严谨的研究。通过实证数据分析消费者的行为，能够提供具体、可量化的研究成果。

缺点：需要进一步明确哪些具体行为被视为理性或非理性，以及如何准确测量这些行为。此外，研究需要考虑不同环境下消费者行为可能的差异性。

(3) 价值性

优点：研究结果有助于优化相关法律政策和实践，特别是在制定更有效的消费者保护法规方面。此外，研究成果可以为企业和政策制定者提供如何更好地理解并影响消费者行为的见解。

缺点：研究的应用价值高度依赖于数据的质量和分析的准确性，若方法执行不当，则可能影响研究结果的普适性和实用性。

(4) 科学性

优点：通过使用实证分析这一科学方法，研究将基于数据和实际观察来验证理论假设，这增强了研究的科学性和客观性。

缺点：实证研究需要高质量的数据来源和严密的统计方法，任何方法学上的缺陷都可能影响结论的有效性。

(5) 建议

明确定义：清楚地界定什么行为被认为是理性的，什么行为被认为是非理性的，并说明这些定义的理论依据。

数据来源：确保使用高质量的数据，并考虑使用多个数据源来增强研究的可靠性和广泛性。

理论与实际结合：在文献回顾中深入分析行为经济学与消费者保护的现有研究，找出研究空白，确保您的研究能够填补这些空白。

多角度分析：考虑引入其他理论视角或比较不同国家/地区的法律环境，以增强研究的深度和广度。

优化后的研究选题如下：

行为经济学视角下的消费者权益保护：比较理性与非理性行为的影响——基于跨国实证分析

这个选题将行为经济学应用于消费者权益保护的国际比较研究中，专注于分析不同国家消费者在电子商务环境中的理性与非理性行为如何影响他们的权益，

> 并通过实证数据探讨不同法律文化背景下这些行为的具体法律后果。这一研究旨在为全球消费者权益保护政策提供科学依据，促进更有效的国际合作和政策制定。

我们可以借鉴 AI 工具的分析过程，对这个选题进行最后的优化和改进。

3.2.2　让 AI 工具增加参考物来评测

对于上述第一种评测，可能 AI 工具的主观性更强，我们可以搜集一些相关的选题测评，直接采用上文的上传方式和方法，上传文档后，再让 AI 工具进行测评。

> **问：**
>
> 我上传了三个针对选题的评测报告，请按照上面的评测报告，为我分析下面的选题："行为经济学视角下消费者权益保护的理性与非理性行为的研究——基于实证分析"，如果选题需要更改，请你给出修改建议和你认为更合理的选题。
>
> **答：**
>
> 在行为经济学视角下，关于消费者权益保护的理性与非理性行为的研究——基于实证分析这一选题，以下是对该研究课题的选题评测报告分析：
>
> **（1）选题背景与现状**
>
> 行为经济学结合心理学与经济学理论，探索消费者决策背后的心理机制。当前，在全球化及数字化快速发展的背景下，消费者行为受到复杂因素的影响，理性与非理性决策在消费者保护领域表现尤为复杂。因此，深入研究这些行为模式，对于制定更有效的消费者保护政策和法律具有重要意义。
>
> **（2）研究的必要性**
>
> 在数字经济的影响下，消费者权益面临诸多新的挑战。非理性行为，如冲动购买、过度信赖或误解广告等现象普遍，这对消费者权益保护提出了新的要求。研究这些行为的动因和影响，可以为相关政策的制定提供科学依据，增强消费者保护的针对性和有效性。

（3）目标与预期成果

本研究旨在通过实证分析，详细解析消费者在交易过程中的理性与非理性决策行为，并探讨这些行为对消费者权益的影响。预期成果包括发表在高水平学术期刊的研究论文，提供消费者教育和政策制定的建议，以及发展相关的消费者保护工具和策略。

（4）方法与技术路线

研究将采用定量数据分析与行为实验的方法，并结合问卷调查、实验室测试和现场实验。这些方法将帮助识别影响消费者决策的各种因素，以及这些因素如何影响消费者的权益。

（5）创新点与价值

该研究的创新之处在于应用行为经济学理论来分析消费者保护中的非理性行为，这在传统经济学研究中较少涉及。通过实证分析，该研究能够揭示消费者行为的深层次心理机制，为制定更为人性化和精准的消费者保护策略提供理论依据。

（6）风险评估与对策

研究可能面临的风险包括实验设计的复杂性、数据收集的难度及样本的代表性问题。为此，研究团队需精心设计实验方案，采用有效的数据分析技术，以及选择合适的样本，以确保研究结果的准确性和可靠性。

对于选题的评测，我们可以使用一些如青泥学术、维普学习服务等第三方软件进行评测。

【第4章】
前言的写作

学术论文的前言部分,就像是电影里的开场白,它的任务是为接下来的研究设定基调。这部分内容虽然短小,但意义重大。前言会告诉我们,这篇论文要探讨什么问题,为什么这个问题值得研究,以及通过这篇论文,作者希望达到什么样的研究目的或解决什么问题。简单来说,前言是吸引读者继续向下阅读的"钩子",通过展示该研究是如何填补之前知识的空白,或者是对现有知识的何种新的贡献,来激发读者的兴趣。此外,它还能简洁地概述研究的背景,让读者对我们的研究背景和研究的必要性有一个初步的了解。

4.1 整体框架式的提问

通过本书前面章节的例子可以知道，AI 工具最容易实现的就是根据整体框架式的提问帮助我们生成相应的内容。那么对于前言部分，AI 如何辅助我们生成呢？首先我们需要明确前言都由哪些部分组成。

前言主要由研究背景、重点内容、研究对象、研究价值和研究意义组成。因为在前面章节中已经梳理了前言中的部分内容，所以我们直接对 AI 工具进行提问，看看它的具体表现。

问：

我是一名马上毕业的在读研究生，我的专业是民商法学，研究方向是民法典方向。现在我需要写一篇硕士论文，我所确定的选题是"行为经济学视角下消费者权益保护的理性与非理性行为的研究——基于实证分析"。请你根据这个选题，从研究背景、重点内容、研究对象、研究价值和研究意义几个方面写作一篇学术论文的前言。

答：

在行为经济学的理论框架下，消费者权益保护领域的研究显得尤为重要，尤其是在分析消费者行为的理性与非理性因素时。传统经济理论依赖于理性经济人假设，然而，现实市场环境中的复杂性及消费者行为的非理性特征，要求我们从新的角度审视消费者保护的法律机制。

在全球化及数字化快速发展的背景下，市场信息的不对称性和商家的操纵策略日益增强，消费者常常处于信息劣势。行为经济学通过揭示人们在决策过程中的系统性偏差和认知限制，为我们理解消费者在市场交易中的非理性行为提供了理论支持。这一视角对于构建更加有效的消费者权益保护法律具有重要意义。

本研究将集中探讨消费者在面对复杂金融产品或在线平台条款时的决策行为。特别关注消费者如何处理复杂信息，及其在此过程中展现出的非理性倾向，例如过度自信、锚定效应、现状偏误等。进一步分析这些非理性行为如何影响消费者权益，以及现行消费者保护法律在应对这些行为时的局限性和挑战。

本研究将基于具体的实证数据，涵盖不同年龄、经济背景和教育水平的消费者群体。同时，分析那些负责制定和执行消费者保护政策的相关法律机构和组织，评估它们在理解和应对消费者非理性行为方面的效率和有效性。

本研究的价值在于为消费者保护法律提供行为经济学的视角和实证支持，促使法律更精准地解决消费者在现实市场环境中遭遇的非理性挑战。此外，通过提出改进现有法律措施的建议，本研究旨在增强消费者保护政策的实际效用，提高法律专业人士和政策制定者对消费者行为非理性特征的认识。

本研究的深远意义在于推动消费者保护法律与政策向更加人性化和实证化的方向发展。通过准确地识别和纠正市场中的非理性行为，可以有效防止消费者权益受到侵害，从而促进市场的公平交易和健康发展，维护经济和社会秩序的稳定。

根据上面 AI 所提供的内容，我们看到其并不能作为一个完整的"前言"部分来使用，这部分内容仅仅为我们提供了一些启发，符合我们所规定的框架。我们仍需要根据这个框架，补充相应的内容，使其更为流畅并且符合学术要求。

4.2 结构化前言提问模式

要知道，AI 始终是辅助性的工具，我们需要合理地使用它。在前言部分的写作过程中，我们需要了解前言的几个部分独特的含义和写作要求。而结构化前言的提问模式，就是告诉 AI 工具，前言的某个部分的具体含义、写作角度等，让 AI 能够充分了解我们的要求，为我们提供有参考意义的资料。

4.2.1 研究背景的写作流程

研究背景部分是论文的开篇，起到为读者描绘研究主题全貌的作用。它不仅简要介绍了研究所在的学科领域，而且明确了研究旨在解决的具体问题。此部分通过详细回顾现有文献，指出尚未探讨的知识领域，从而强调进一步研究的重要性和必要性。

作为论文的门面，研究背景的质量直接影响到论文能否吸引读者的注意。虽然不同论文的研究背景在长度和内容上有所不同，但是优质的研究背景通常具备一个共同特点：它们能够以简明的语言清楚地解释研究内容，显示出作者对研究主题的深刻理解，并能激发读者的阅读兴趣。因此，所有与研究主题密切相关的关键信息都应在此部分被概述。

那么论文的研究背景应该有哪几部分呢？首先，研究背景应当为读者提供足够的背景信息，使其能够理解研究问题的来龙去脉。这包括对相关学科领域的简要介绍，对研究问题的历史背景和现状的概述，以及对主要研究假设或研究问题的阐述。其次，研究背景需要通过回顾相关文献，来展示研究主题在现有学术讨论中的位置。这不仅包括总结已有的研究成果，还要指出这些研究的不足之处，即知识空白。再次，一个引人入胜的研究背景还应当能够激发读者的兴趣和好奇心。这可以通过提出引人思考的问题、展示研究可能的实际应用，或者通过叙述相关领域内的有趣发现来实现。通过这种方式，研究背景不再只是干巴巴的文献回顾，而是一个充满活力的故事，能够吸引并维持读者的注意力。最后，高效的研究背景应当以清晰且具有吸引力的方式呈现，使用专业而不失友好的语言，使读者即使不具备专业背景也能理解和欣赏。

我们在使用 AI 写作研究背景的时候，首先应当引导 AI 工具来获取相关的研究背景的资料或者大趋势，如下。

问：

请根据选题"行为经济学视角下消费者权益保护的理性与非理性行为的研究——基于实证分析"为这篇论文搜集相关背景资料，其中可以包括各种政策性文件、权威的数据和理论等。

对于选题"行为经济学视角下消费者权益保护的理性与非理性行为的研究——基于实证分析"，可以从以下几个方面整理相关背景资料：

行为经济学基础：行为经济学是将心理学与经济学相结合的产物，主要探索人类行为背后的理性与非理性动机。它挑战了传统经济学中"经济人"始终理性的假设，提供了更加贴近实际的人类行为模型。

消费者权益保护法规：中国政府网上的政策文件库提供了大量关于消费者权益保护的政策文件，其中包括了《中华人民共和国消费者权益保护法实施条例》等，这些法规对电商、直播带货等新兴消费模式的规范有着直接的指导意义。

直播带货的监管与挑战：直播带货作为一种新兴的销售模式，在迅速发展的同时面临诸多问题，如虚假营销、退货难等。《中华人民共和国消费者权益保护法实施条例》中明确了对此类新兴模式的规定，旨在增强信息披露的透明度和完善平台管理机制。

预付费消费的规范：预付费模式在现代消费中极为常见，涉及众多服务行业。相关法规强化了经营者的义务，包括设立书面合同、明确事中告知义务等，以保护消费者的预付款项。

消费者权益保护机构：中国消费者协会是一个全国性的社会组织，旨在监督商品和服务的质量，并保护消费者的合法权益。该机构执行《中华人民共和国消费者权益保护法》赋予的公益性职责。

这些资料为研究提供了坚实的政策背景和实际案例，有助于深入理解消费者保护中的理性与非理性行为。在实证分析部分，可以进一步探讨这些政策实施的效果与消费者行为的实际反应，为行为经济学的应用提供更多的实证支持。

我们在对这些研究背景的资料有了一定了解之后,可以让 AI 工具基于它所提供的背景来继续生成研究背景的内容。

> **问:**
> 请基于上面的材料,为论文"行为经济学视角下消费者权益保护的理性与非理性行为的研究——基于实证分析"生成一份研究背景,包括但不限于以下几点要求:
> 问题阐述:明确介绍研究问题,概述其在相关学科领域中的定位及重要性。
> 文献回顾:系统总结关键文献,突出研究领域的发展历程和现状,识别和填补知识空白。
> 研究必要性:强调研究的重要性,说明进一步研究的理由和潜在价值。
> 关键词提示:运用与研究主题紧密相关的术语和关键词,增强专业性和搜索优化。
> 引发兴趣:通过提出新颖的视角或展示研究的潜在影响,激发读者的阅读兴趣。
> 目标明确:清晰描述研究目标和预期成果,为读者理解全文奠定基础。
> 逻辑连贯:确保背景部分逻辑清晰,内容连贯,顺畅过渡到研究方法和论文主体。
> 简洁表达:避免冗长的描述,用简洁明了的语言表达复杂的概念和信息。
> 且要注意,将你所写作的字数,固定在 300 字以内。
>
> **答:**
> 本研究围绕行为经济学视角下的消费者权益保护展开,探索消费者在理性与非理性行为之间的动态交互。尽管现有文献广泛涉及新兴消费模式下的权益挑战,如直播带货的虚假营销问题,但对非理性行为如何影响消费者决策的研究仍相对缺乏。本文通过实证分析,旨在揭示行为经济学原理在现代电商环境下的应用及其对政策制定的指导意义。研究强调随着电子商务的快速发展,传统消费者保护政策需重新评估,以应对日益增长的消费投诉。关键词包括行为经济学、消费者权益保护、理性与非理性行为等,本研究不仅有助于学术界深化理解,也可能为政策制定提供实证支持,进一步提升消费者福祉并促进公平市场环境的建立。

至此,前言部分关于研究背景的内容基本形成,而在实际操作中,我们要注意核实 AI 工具搜索的资料的准确性和真实性。

4.2.2 重点内容的写作流程

我们在撰写前言的"重点内容"部分时,需要明确介绍研究的核心问题或验证的假设,以及选择的研究方法。这一部分通常涉及对研究方法进行阐述,还需要界定研究的具体范围,如研究的时间、地点、对象和条件限制,这有助于读者了解研究的适用性和局限性。

我们可以直接让 AI 工具撰写"重点内容",点明我们所要介绍的关键部分即可。

> **问:**
>
> 请基于以上研究背景,撰写论文"行为经济学视角下消费者权益保护的理性与非理性行为的研究——基于实证分析"的"重点内容"部分。
>
> **答:**
>
> 本研究旨在探讨从行为经济学视角出发,消费者在权益保护中的理性与非理性行为。研究假设基于行为经济学的理论框架,主要关注消费者决策过程中的认知偏差、情绪影响及其对消费者权益保护行为的实际影响。研究方法采用实证分析,通过收集与分析涉及消费者交易的具体案例,尤其是在线交易平台上的数据,结合问卷调查和行为实验来验证理论假设。
>
> 研究范围限定于当前互联网环境下的消费者交易行为,特别是电子商务平台上的消费决策行为。此外,本研究将通过比较不同年龄和教育背景的消费者群体,来分析不同群体在面对消费者权益保护时的行为差异。通过这一实证研究,旨在揭示消费者保护中的非理性因素,以及这些因素如何影响消费者维权的有效性和效率,为消费者权益保护提供更加深入的理论依据和实践指导。

4.2.3 研究对象的写作流程

"研究对象"部分即这篇论文所要研究的主要内容,研究对象所指的是研究的主题,也就是所要调查、分析和论述的事物、现象或者群体。研究对象的明确定义可以为我们论文的顺利写作提供一定基础。

我们在使用 AI 工具辅助写作"研究对象"部分时,首先应该明确研究对象是什么,再让 AI 工具结合前面搜集到的研究背景等内容继续撰写。

问:

接下来我们要撰写"研究对象"的部分,"行为经济学视角下消费者权益保护的理性与非理性行为的研究——基于实证分析"这篇论文的研究对象是"消费者权益保护",请详细介绍一下。

答:

(1) 消费者权益保护的基本概念

消费者权益保护指的是保障消费者在购买、使用商品和服务过程中的合法权益不受侵害的法律、政策和措施。它涉及多个方面,包括但不限于消费者的知情权、选择权、公平交易权、安全权和受法律保护的权利。这些权利的保护不仅仅是法律的问题,还关系到市场经济的健康发展和社会公正。

(2) 消费者权益保护的特点

普遍性:消费者权益保护涉及社会的各个阶层和广泛领域,是每个消费者都可能面临的问题。

复杂性:消费者权益保护的问题涉及法律、经济、社会和心理等多方面的因素,需要综合多学科知识进行分析和处理。

动态性:随着市场环境和技术的变化,消费者权益面临的威胁也在不断变化,例如在线交易带来的新型消费风险。

(3) 相关研究

法律研究:探讨现有消费者保护法律的适用性和效力,如《中华人民共和国消费者权益保护法》《中华人民共和国反不正当竞争法》等,以及法律实施中的问题和改进方向。

经济学研究:分析市场机制中消费者权益受损的经济原因和后果,以及市场和政策如何调整来更好地保护消费者。

行为经济学研究:研究消费者行为中的非理性因素,如过度乐观、从众行为等,以及这些行为如何影响消费者权益的实际保护。

社会学和心理学研究:从社会结构和心理机制出发,探讨消费者在权益保护中的行为模式和心理状态,以及社会文化因素如何影响消费者的权益保护。

这些研究领域交叉丰富,共同构建了一个多角度、多层次的消费者权益保护研究框架,旨在全面理解并有效应对消费者在现代市场中面临的各种挑战。

可以看到，AI 为我们归纳了研究对象的主要内容，我们只需要把这些内容理顺就可以了，不过需要注意的是，AI 仅仅给我们提供了相对框架式内容，其中的重点内容仍旧需要我们自己填充。

4.2.4 研究价值和意义的写作流程

众所周知，论文是一定要有研究性的，所以这部分内容其实就是要体现为什么要进行这项研究。我们在撰写关于研究价值和意义这一部分内容时，关键在于阐述该研究的必要性及其对学术界或实践领域的潜在贡献。

确定研究目标及其学术和实践缺口是通过批判性分析现有文献来实现的，这一过程不仅揭示了研究的创新性和重要性，也强调了其理论和实际应用的潜在价值。这包括研究成果如何应用于相关领域，以及对政策制定和行业实践的贡献。此外，研究还应展望其对未来学术研究的启示，预测其对学术对话和知识深化的推动作用，从而突出研究在学术领域内的延展性。

> **问：**
> 我们接下来继续撰写论文的"研究价值和意义"的部分，要提到研究的创新性和重要性以及我们的研究成果可以应用在什么领域，并且要写出这项研究对未来趋势的引领作用，突出延展性。
>
> **答：**
> 本研究通过行为经济学的视角分析消费者权益保护中的理性与非理性行为，提供了一个创新的分析框架，旨在深入解析消费者在面对市场挑战时的决策过程。这种方法的创新性在于它超越了传统经济学对消费者行为的理性预设，引入心理学和社会学的理论，以更全面地理解消费者行为的复杂性。
> 此研究的成果不仅能够丰富行为经济学领域的理论研究，还可以在多个实际应用领域发挥重要作用。例如，在消费者政策制定方面，通过理解消费者的非理

性行为，政策制定者可以设计更加有效的消费者保护措施，预防和减少消费者权益受损事件的发生。此外，在市场营销和公共教育领域，这些研究成果可以帮助制定更符合消费者心理和行为特点的信息传播和教育策略。

对于未来的研究趋势，本研究提出的框架和发现预示着对消费者行为研究的方法可能会更加注重跨学科的整合和实证数据的应用。随着数据科学和机器学习技术的发展，未来的研究可以利用这些工具来进行更深入的数据分析，从而提供更精确的消费者行为预测和更有效的政策建议。这样的发展将使得消费者权益保护不仅仅停留在理论研究上，而是能够具体实施到每日的市场交易和政策决策中，更好地服务于社会和消费者的需求。

至此，这篇论文的前言部分的撰写已经基本成型了，我们再根据自己的需求，对上面相关内容进行整合扩充即可。由于篇幅限制，在此不再赘述。

4.3 前言的综合性撰写和生成

对于论文中较为简短的部分，可以利用 AI 的仿写能力，让它为我们撰写。比如前言，总体篇幅不超过 2000 字，我们可以尝试为它提供一篇前言的示例，让其根据样本进行撰写。

我们在用 AI 进行样本辅助的时候要清楚 AI 工具的工作逻辑在于分析语言之间的形式和段落结构。因此，我们可以让 AI 工具执行以下命令。

我们提供一篇前言的样本如下。

> 随着文化和经济的发展，文化创意（文创）产品的重要性日益凸显，成为现代社会的重要组成部分。文创产品不仅满足了人们日益增长的精神文化需求，还成为提升国家文化软实力和综合竞争力的关键工具。2024 年，国务院和文化部门的相关政策进一步强调了文创产业的发展，指出文创产品在文化展示、传播以及文物保护和传承中的重要作用。这些政策旨在推动文创产业的发展，并加强全民对中国丰富多彩文化的认识和自信。
>
> 本研究聚焦于文创产品的设计、开发过程及其在现代社会中的应用和影响。通过分析文创产品如何结合现代设计理念和传统文化元素，探讨文创产品如何在满足实用性的同时，增强其人文价值和精神功能。此外，研究还将评估最新政策如何影响文创产业的发展，以及这些政策在实际操作中的效果和挑战。
>
> 本研究的核心对象是当前市场上的主要文创产品，特别是那些能够体现中国传统文化并通过现代创新方法重新解读和发扬的产品。此外，政策制定者、文创企业家以及消费者也是研究的重要对象，他们的互动和反馈将为研究提供深入的见解。
>
> 本研究的价值在于提供一个系统的视角来分析和理解文创产品的开发与市场表现，尤其是在政策推动下的行业动态。研究成果不仅有助于学术界深入理解文创产业的发展趋势，也能为政策制定者和行业实践者提供实证基础，支持他们制定更有效的策略来推动文化创意的持续发展。此外，通过强调文化自信和文化传承的重要性，本研究将推动公众更加重视并参与到文化保护和传播活动中，进一步促进社会文化的整体繁荣。

下面，我们可以让 AI 进行前言分析。分别有几部分内容，示例如下。

> **问：**
> 请你分析前面所给出的前言的详细内容，并明确它的研究背景、重点内容、研究对象、研究价值和意义，并学习它每段之间的自然连接。
> 样本如下：
> （略）
>
> **答：**
> 这段前言的写作展示了较高的学术和专业水平，符合研究性和分析性文本的常见特征。以下是对其语言风格和写作方式的具体分析：
>
> 专业术语和概念的使用：文本中广泛使用了如"文化创意产品""文化软实力""文物保护和传承"等专业术语，体现了对专业领域的深刻理解和精确表述。
>
> 结构的逻辑性：文章按逻辑结构组织，首先介绍文创产品的重要性和相关政策背景，然后转入对文创产品设计、开发及其社会影响的探讨，最后指出研究对象和研究价值。这种结构有助于读者逐步理解和把握研究主题。
>
> 综合分析与前瞻性：文章不仅分析了当前情况，还预测了研究成果对学术界和实践者的潜在影响，显示了作者对未来发展趋势的洞察力。
>
> 目的性和应用性强：文本明确了研究的实用价值，强调研究成果对政策制定者和行业实践者的具体意义，体现了研究的应用导向。
>
> 人文关怀：通过强调文化自信和文化传承的重要性，文章表现了深厚的人文关怀和文化责任感。
>
> 整体而言，这段前言在学术性、专业性和实用性方面表现突出，适合作为学术论文或政策分析报告的开篇前言部分。

在 AI 工具合理分析了前言部分的撰写风格和语言结构等方面后，我们可以让 AI 工具继续执行命令，让它仿照前面所分析的内容和结构，撰写一篇前言。

> **问：**
> 请你参考你分析的文本的写作习惯，为下面的论文："行为经济学视角下消费者权益保护的理性与非理性行为的研究——基于实证分析"来撰写一篇前言。

答：

在现代市场经济中，消费者权益面临诸多挑战，尤其是随着电子商务和信息技术的飞速发展，信息不对称、广告误导等问题频发，这些问题经常导致消费者做出非理性的消费选择，从而影响其权益的保障。行为经济学作为研究经济决策中的人类行为和认知特征的学科，为解析消费者非理性行为提供了新的理论支持和实用工具。本研究致力深入探讨行为经济学视角下消费者权益保护中的理性与非理性行为，重点通过实证分析揭示消费者在市场交易中的决策动机和行为过程，以及这些行为如何影响消费者权益的保护和实现。

本研究的重要性源自对当前消费者权益面临的风险和挑战的认识。电子市场的匿名性和即时性使得消费者在决策时往往缺乏足够的信息，或受到片面信息的误导，这不仅诱发了非理性购买行为，还加剧了市场的不公平现象。通过行为经济学的理论框架，可以更深入地分析消费者在市场中的行为表现，识别影响决策的心理和环境因素，从而为制定有效的消费者保护策略提供科学依据。

在方法论上，本研究采用实证分析的方式，收集并处理大量的市场交易数据及消费者行为调查数据。研究试图构建一个综合的消费者行为模型，分析并识别在市场压力和心理诱导下消费者行为的偏差，评估消费者如何在各种市场条件下平衡理性与非理性的决策，以及这些决策如何反过来影响他们的权益。

研究还着重分析了政策环境对消费者行为的塑形作用。分析国家和地方政府近年来为保护消费者权益而推出的各项政策和措施的实际效果，探讨这些政策在市场实际操作中的作用机制和存在的不足。本研究旨在为制定更精准有效的消费者保护政策提供实证基础，以确保政策能够真正回应消费者行为的现实需求。

本研究的核心价值在于提升消费者权益保护的理论和实践水平。理论上，通过将行为经济学的视角应用于消费者权益保护领域，研究为理解消费者非理性行为提供了新的解释路径。实践中，研究成果将指导政策制定者和市场监管机构设计出更适合消费者行为特征的保护措施，有效提升消费者满意度及市场的整体运行效率。通过深入研究消费者在行为经济学框架下的理性与非理性行为，本研究不仅能够为消费者权益的保护提供坚实的理论支撑，还将促使相关政策朝着更高效、更公正的方向发展。同时，本研究的成果也能为消费者提供行为指导，帮助他们在复杂的市场环境中做出更明智的决策，从而推动社会经济的持续健康发展。

通过这种方式生成的前言在框架上是较为合理的，后期再经过简单的整理，我们便能较为快捷地生成论文的前言部分。这种样本式的仿写模式在文章后面的写作过程中也会有重要的应用。在后面的章节中，我们将会详细分析。

【第5章】
文献综述与研究背景怎么写

文献综述是研究者在广泛阅读特定主题相关文献后进行的一种深入分析。在这一过程中，研究者会综合理解、整理并分析所探索的领域，以呈现该领域的最新发展、技术进步以及重要发现。文献综述不仅回顾历史发展和现状，也探讨存在的问题和未来趋势，为科学研究提供方向和灵感。此外，研究者通过此类综述能够提出自己的见解，预测未来的技术走向，为后续研究的选题和开展奠定坚实的基础。

5.1 文献的搜索

文献综述的要求是这样规定的：在文献综述时，研究生应系统地查阅与自己的研究方向有关的国内外文献，通常阅读文献不少于30篇，在文献综述中，应说明自己研究方向的发展历史、前人的主要研究成果、存在的问题及发展趋势等。所以，对文献的搜索是撰写文献综述的第一步，一般通过中国知网、维普网等网站进行搜索，也可以去图书馆中查阅相关的资料。

5.1.1 文献检索

如果使用AI工具进行文献检索，能否为我们提供便利，节省时间呢？答案是肯定的。前面讲过微软的Bing AI和百度的文心一言等AI工具都有搜索的功能，下面分别来看它们内置的搜索功能，确认其是否能为我们提供文献的搜索。

微软的Bing AI连接了微软的必应学术数据库，但是它也会检索出互联网上的相关内容。下面以搜索"消费者权益保护"相关文献为例，看一下AI工具的表现。

如下图5—1所示，Bing AI提供了三种对话样式，分别为更有创造力、更平衡和更精确。因为文献的搜索要求真实性和准确性，所以我们使用"更精确"的对话样式进行搜索。

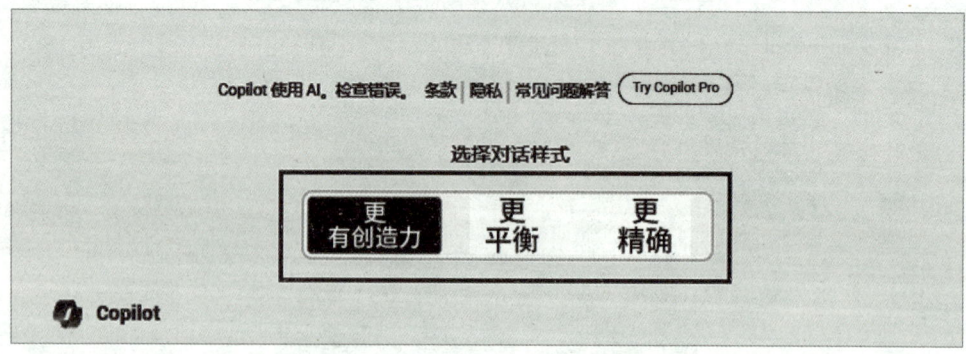

图5—1 微软Bing AI提供的三种不同对话样式

我们可以直接对 Bing AI 进行提问，如图 5—2 所示。

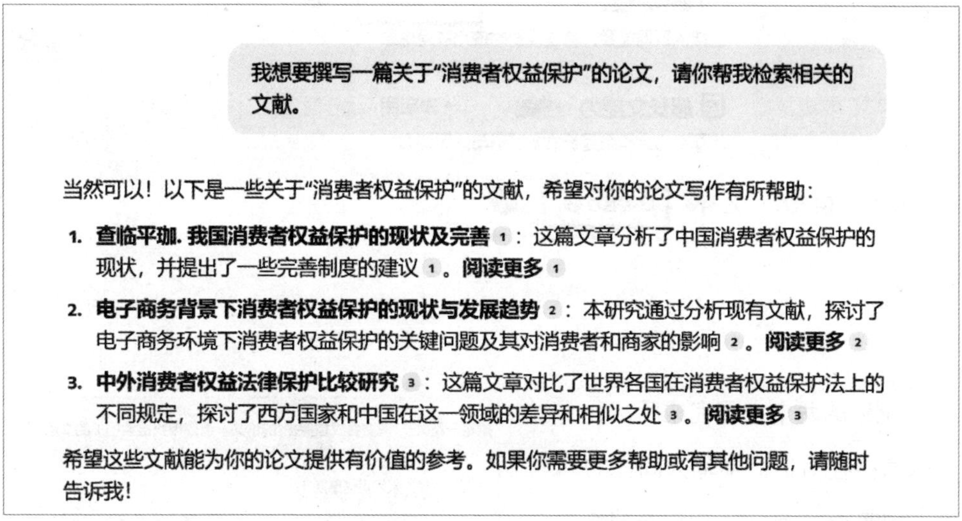

> 我想要撰写一篇关于"消费者权益保护"的论文，请你帮我检索相关的文献。
>
> 当然可以！以下是一些关于"消费者权益保护"的文献，希望对你的论文写作有所帮助：
> 1. **查临平珈. 我国消费者权益保护的现状及完善** ➊：这篇文章分析了中国消费者权益保护的现状，并提出了一些完善制度的建议 ➊。**阅读更多** ➊
> 2. **电子商务背景下消费者权益保护的现状与发展趋势** ➋：本研究通过分析现有文献，探讨了电子商务环境下消费者权益保护的关键问题及其对消费者和商家的影响 ➋。**阅读更多** ➋
> 3. **中外消费者权益法律保护比较研究** ➌：这篇文章对比了世界各国在消费者权益保护法上的不同规定，探讨了西方国家和中国在这一领域的差异和相似之处 ➌。**阅读更多** ➌
>
> 希望这些文献能为你的论文提供有价值的参考。如果你需要更多帮助或有其他问题，请随时告诉我！

图 5—2　Bing AI 检索文献示例

在 Bing AI 的回答中，我们可以直接点击每个文献，打开相关链接去查看是否来自权威的文献网站，此外还可以点击下面的提问框，继续让 AI 工具帮助检索其他文献，如图 5—3 所示。

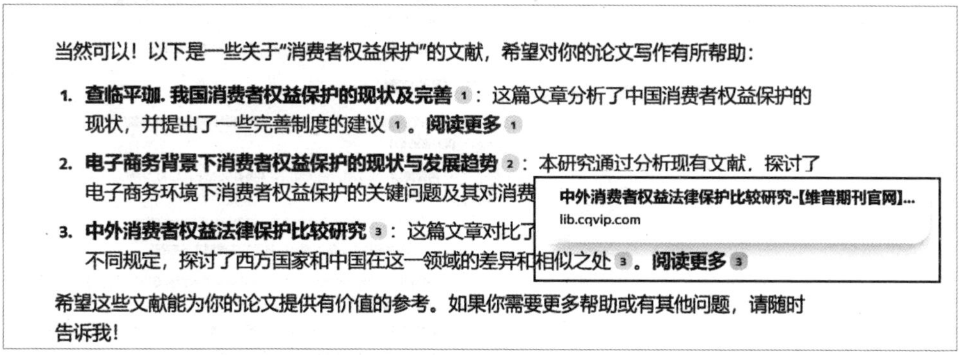

> 当然可以！以下是一些关于"消费者权益保护"的文献，希望对你的论文写作有所帮助：
> 1. **查临平珈. 我国消费者权益保护的现状及完善** ➊：这篇文章分析了中国消费者权益保护的现状，并提出了一些完善制度的建议 ➊。**阅读更多** ➊
> 2. **电子商务背景下消费者权益保护的现状与发展趋势** ➋：本研究通过分析现有文献，探讨了电子商务环境下消费者权益保护的关键问题及其对
> 3. **中外消费者权益法律保护比较研究** ➌：这篇文章对比了　　中外消费者权益法律保护比较研究-【维普期刊官网】…
> 不同规定，探讨了西方国家和中国在这一领域的差异和相似之处 ➌。**阅读更多** ➌
>
> 希望这些文献能为你的论文提供有价值的参考。如果你需要更多帮助或有其他问题，请随时告诉我！

图 5—3　Bing AI 打开链接查看相关文献

文心一言同样可以帮助我们搜索相关文献。那么如何使用这个功能呢？我们可以将鼠标移动到文心一言主页面的提示框下方的"启用能力"按钮处，如图 5—4 所示，再启用弹出的对话框中的"联网搜索"功能，即可实现搜索文献功能。

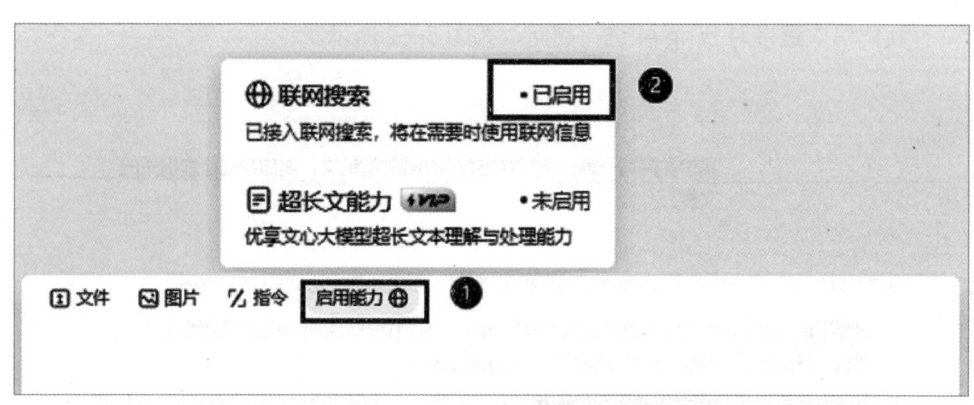

图 5—4　文心一言启用搜索功能

上述的两个步骤完成后，我们可以直接在对话框中输入同样的问题，如图 5—5 所示，可以看到文心一言列出了我们在写作过程中可能会用到的一些文献，并给出了检索这些文献的方法。

撰写一篇关于“消费者权益保护”的论文，请你帮我检索相关的文献。

参考 6 条网页信息源

一、核心文献

1. **《我国保险消费者权益保护制度的发展与完善研究——以保险人的法律责任为视角》**
   - **内容摘要**：文章从保险人法律责任的视角，探讨了我国保险消费者权益保护制度的发展与完善。文章指出，我国保险消费者权益保护制度的发展始终依循着不断明确保险人法律责任之轨迹，但仍存在诸多不足，需要进一步细化有关保险人责任的立法，提升立法位阶，加强保险监管力量。
   - **适用部分**：论文中关于特定行业（如保险行业）消费者权益保护的部分。
2. **《论消费者权益的保护》**
   - **内容摘要**：文章阐述了在当前我国消费者权利意识不强且处于相对弱势地位的情况下，必须采取加强自我保护、法律保护和社会团体保护等措施以有效维护消费者权益的观点。
   - **适用部分**：论文中关于消费者权益保护必要性和措施的部分。

二、相关文献

1. **《青海省人民政府办公厅关于同意调整完善青海省消费者权益保护工作厅际联席会议制度的函》**
   - **内容摘要**：该文献介绍了青海省消费者权益保护工作厅际联席会议制度的调整和完善情况。
   - **适用部分**：论文中关于地方政府消费者权益保护机制的部分。
2. **《论P2P网络借贷中金融消费者权益保护法律制度的完善》**
   - **内容摘要**：文章针对P2P网络借贷中金融消费者权益受损的问题，提出了完善相关法律制度的建议。
   - **适用部分**：论文中关于新兴金融领域消费者权益保护的部分。
3. **《浅析网上支付对消费者权益保护及相关法律和制度的完善》**
   - **内容摘要**：文章分析了网上支付对消费者权益的影响，并提出了完善相关法律和制度的建议。
   - **适用部分**：论文中关于电子商务领域消费者权益保护的部分。
4. **《完善我国消费者权益保护法中举证责任制度》**
   - **内容摘要**：文章探讨了消费者因其合法权益受到侵害而提起诉讼时面临的举证困难问题，并提出了完善举证责任制度的建议。

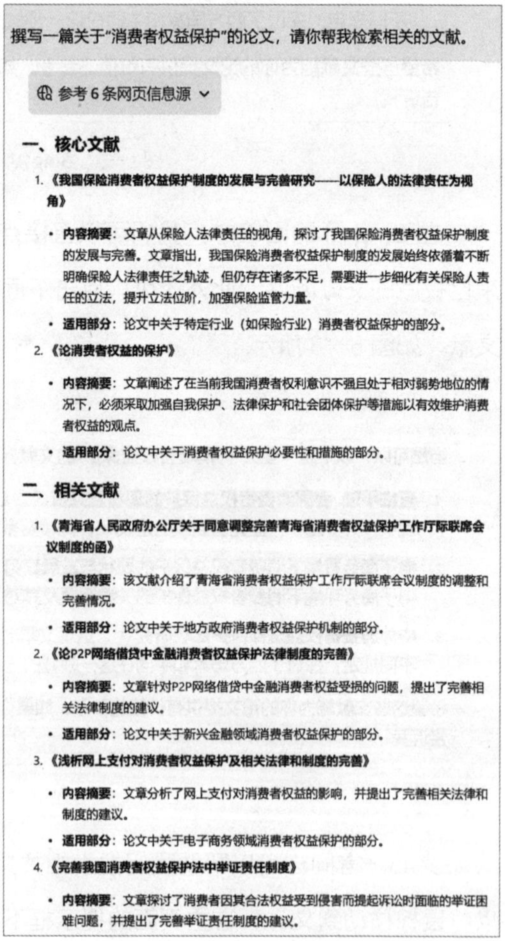

图 5—5　文心一言检索出的文献搜集

那么，文心一言能否直接检索出相关文献，并为我们提供查阅和下载的网址呢？我们再对它进行提问："请直接帮我搜索文献，列出相关文献即可。"文心一言的回复如图5—6所示。

请直接帮我搜索文献，列出相关文献即可。

参考6条网页信息源

以下是一些关于消费者权益保护的文献：

1. 《消费者权益保护》：由国家工商行政管理总局所著，主要内容包括消费者权益保护概述、消费者权益保护法律制度、流通领域商品质量监管与有关服务领域消费维权、查处消费侵权案件、12315行政执法体系等。

2. 《我国保险消费者权益保护研究》：作者赵心宇，文章指出我国保险企业大都注重业务规模的扩张和增长速度的提高，而忽视对保险消费者合法权益的保护，保险消费纠纷直线上升。

3. 《"直播带货"中的消费者权益保护及法律问题分析》：文章简要阐述直播带货中存在的商品虚假宣传、维权渠道单一、信息泄露隐患等现象，提出了通过严控市场准入、扩大监管范围、增加维权渠道、厘清法规内容、优化责任界定等措施，保障消费者合法权益。

4. 《共享经济中消费者权益法律保护相关问题的分析》：文章对共享经济中的消费者权益法律保护必要性进行解析，对权益保护存在的不足进行分析，并对共享经济中消费者法律权益保护提出合理化建议。

5. 《论农村金融消费者权益的法律保护》：文章明确了金融消费者的定义，分析了目前我国农村金融消费者权益保护中存在的问题，总结了农村金融消费者的特点，并提出了相应的法律保护措施。

6. 《基于消费者权益保护的P2P平台风险评估体系》：文章从消费者权益保护的角度出发，分析P2P平台运作模式，构建平台风险评估模型，并提出了建议。

这些文献涵盖了消费者权益保护的不同方面，包括保险、直播带货、共享经济、农村金融、P2P平台等领域，可以为进一步的研究提供丰富的参考。

图5—6　文心一言提供的期刊的检索

由于篇幅受限，不展示全部回答内容，在后面，文心一言还有学位论文的检索，如图 5—7 所示。

> 以下是一些关于消费者权益保护的学位论文：
>
> 1. 《论消费者权益的经济法保护——以完善<消费者权益保护法>为例》
>   - **作者**：周皓
>   - **摘要**：论文从经济法保护的视角出发，深入分析了《消费者权益保护法》的完善问题。论文指出，《消费者权益保护法》的部门法属性之争一直是法学界的热点问题，并认为其本质上应属于经济法。论文还提出了强化消费者权益的经济法保护的必要性，并给出了完善现行《消费者权益保护法》的建议。

图 5—7　文心一言提供的学位论文的检索

对于图 5-6 和 5-7 中检索出的文献，我们只需要点击"点击查看"按钮，即可跳转到相关网页。需要注意的是，AI 工具所查询和检索的内容仅供参考，我们如果需要引用，一定要点开链接查看其是否是真实有效的，因为有部分 AI 会生成"假链接"，如图 5—8 所示，我们要注意区分。

图 5—8　AI 检索后生成的"假链接"

5.1.2　用 AI 选择数据库

当我们把 AI 作为文献检索的工具时，要选择合适的数据库，因为数据库的质量直接影响着论文的论述可靠性和准确性。AI 可以帮助我们在选择数据库时更加准确、全面了解数据库的相关内容和它的优缺点，选择最适合我们写作需求的论文数据库。下面仍以"消费者权益保护"论文为例进行说明。

问:

请你扮演一位研究生,需要写作一篇关于"消费者权益保护"的毕业论文,你会选择哪些论文的数据库作为参考?

答:

撰写关于"消费者权益保护"的毕业论文时,可以参考以下数据库来获取资料和前沿研究:

中国知网(CNKI):作为中国较大的学术数据库之一,中国知网提供了大量的法律期刊、硕士和博士学位论文以及会议论文,涵盖了民商法和消费者保护等领域。

万方数据:万方数据同样能够提供大量的学术期刊和学位论文,特别是在法律和社会科学领域,万方的资源覆盖面广,更新速度快。

维普资讯(CQVIP):维普网提供了丰富的期刊文章,尤其是中国的法律实务和理论研究文章,是法律专业学者和学生常用的资源。

超星数字图书馆:超星图书馆含有大量的电子书和期刊,可以在法律专业的学习和研究中提供辅助。

北大法宝:北大法宝专注于法律资料的收集,包括法律法规、案例、法学期刊等,非常适合进行法律相关的深入研究。

通过这些数据库,你可以获得关于消费者权益保护的最新研究成果、法律解释、案例分析等多方面的资料,有助于撰写一篇全面、深入的毕业论文。

由上可知,AI 工具所检索出的数据库就是我们日常所使用的数据库,并没有太大的实际意义,所以我们继续向 AI 工具提问。

问:

假设我的毕业论文的研究方向是"消费者权益保护",研究的主题是"行为经济学视角下消费者权益保护的理性与非理性行为",请你告诉我,除了上面的数据库,还有什么可以参考?

答:

针对"行为经济学视角下消费者权益保护的理性与非理性行为"的研究主题,除了中国国内的数据库外,以下资源也极具参考价值:

(1) 国内资源

国家法律法规数据库：中国法律法规数据库提供全面的法律法规和相关政策，有助于理解当前消费者权益保护的法律框架。

社会科学文献出版社（SSAP）：提供社会科学领域的图书和期刊，特别是经济学和法学交叉领域的研究。

中国社会科学院：该机构的出版物和研究报告可能提供有关行为经济学和消费者权益的深入洞察。

(2) 国际资源

JSTOR 和 ScienceDirect：这些国际数据库包含大量的行为经济学和消费者保护的学术论文和图书。

Google Scholar：通过 Google Scholar 可以访问全球范围内的学术资源，包括行为经济学和消费者权益保护的最新研究。

SSRN（Social Science Research Network）：提供社会科学领域的前沿研究论文，特别是行为经济学相关的研究。

(3) 特定图书与期刊

《行为经济学》（Richard H. Thaler 等作者），探索行为经济学的基本原理，对理解消费者行为有重要意义。

《消费者保护与食品安全杂志》（Journal of Consumer Protection and Food Safety），这类专业期刊聚焦于消费者权益保护的各个方面，包括法律、政策和市场行为。

(4) 研究机构

行为经济学与公共政策中心，这些研究中心常常发布关于行为经济学应用在公共政策领域的研究，包括消费者保护。

通过这些资源，你可以获取到关于消费者行为的理性与非理性方面的深入研究，以及行为经济学在消费者权益保护领域应用的实例和理论支持。这将为你的毕业论文提供坚实的理论和实践基础。

通过更详细具体的提问，AI 所选择的数据库可以跟论文的研究方向挂上钩了，回答也更具体、更有针对性了。

当然，我们也可以让 AI 的回答更好，即向 AI 继续追问，让它的回答一步一步符合我们的预期。比如说，我们可以继续作如下追问。

问:

你所提供的数据库中的文献资料有哪些?

这些数据库的资料中有哪些是关于行为经济学的?

……

5.1.3 用 AI 工具改进文献引用的格式

在论文的写作中,文献的引用格式十分重要,我们可以让 AI 工具提供正确的引用规范和文献格式。

> **问:**
>
> 我正在写毕业论文,论文中引用了一些其他作者的论文和图书中的观点,但是我并不知道如何能规范地引用,请你为我提供一些建议。
>
> **答:**
>
> 在撰写学术论文时,规范的引用是非常重要的,它不仅体现了学术诚信,还有助于读者追溯源信息。
>
> **(1)中国知网(CNKI)格式**
>
> 《信息与文献 参考文献著录规则》(GB/T 7714—2015),不同类型的著录格式如下:
>
> 期刊文章:
>
> 作者. 文章标题[J]. 期刊名,发表年份,卷号(期号):起止页码.
>
> 图书:
>
> 作者. 书名[M]. 出版地:出版社,出版年份.
>
> 学位论文:
>
> 作者. 论文标题[D]. 保存地:存储单位,年份.
>
> 会议录、论文集:
>
> 作者. 论文标题[C] 出版地:出版社,出版年份:起止页码.

（2）软件工具

考虑使用如下软件工具来帮助管理和格式化引用：

NoteExpress：这是一款在中国广泛使用的文献管理软件，能够帮助管理文献，自动生成引用格式。

EndNote：这也是一个流行的参考文献管理工具，支持多种引用格式，并可以集成到 Word 中，方便操作。

（3）建议

在引用时，确保每一条信息都完整，包括作者、标题、出版年份等，以确保引用的准确性和完整性。

对于直接引用，记得加上引号，并注明具体页码。

经常查阅你所在领域或学校的具体引用要求，不同学科可能有不同的规范要求。

对于 AI 所提供的格式，如果不清楚具体的规范，也可以向 AI 直接提问，或者让它提供具体的示例。

5.2 使用 AI 工具辅助分析整合现有研究

当我们选定所需要的文献之后,就进入了文献阅读的环节,前文中提到,撰写一篇论文可能需要我们准备 30 多篇文献,那对这些文献的分析也是一项非常复杂且烦琐的工作,不管对文献的整理还是阅读,AI 都可以为我们提供较大的助力。

5.2.1 对单一文献进行详细分析和梳理

我们需要对每篇文献进行详细分析和整理,这时便可以采用 AI 工具的上传功能,如图 5—9 所示。

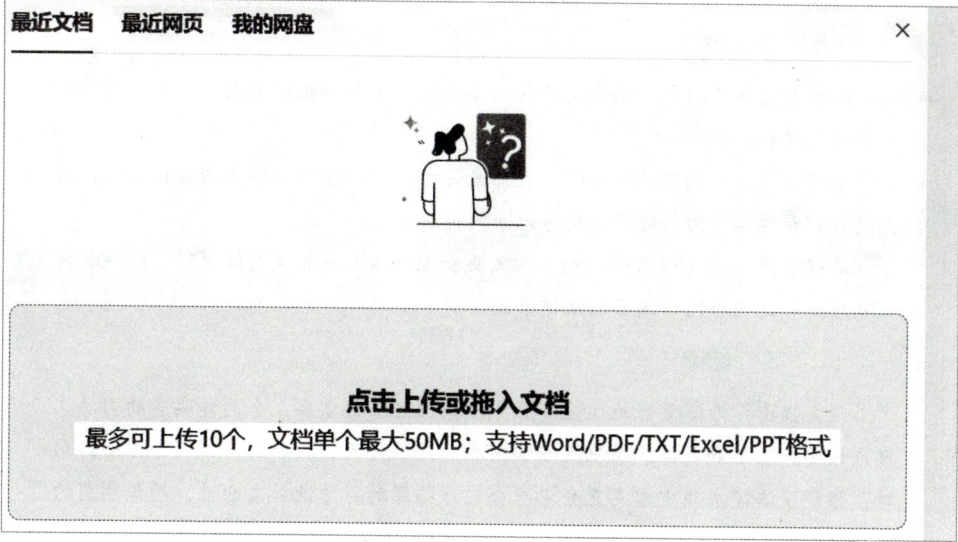

图 5—9 AI 检索后生成的"假链接"

在上传文件之后,我们可以直接和 AI 工具进行对话。

> 问:
>
> 请分析这篇论文的结构,包括研究对象、研究问题、研究理论、研究方法和研究结论。

答：

论文《合同诈骗罪的司法认定》的结构及内容主要分析有以下方面：

（1）研究对象和研究问题

研究对象：论文针对的主要对象是合同诈骗罪，在司法实践中对适用合同诈骗罪常有争议，尤其是在合同签订、担保、履行等方面。

研究问题：明确合同诈骗罪的基本特征、司法认定问题，以及如何准确适用合同诈骗罪，规范刑罚处罚范围。

（2）研究理论

论文从《中华人民共和国刑法》的角度出发，详细讨论了合同诈骗罪的理论基础，包括诈骗罪的一般性特征与合同诈骗罪的特殊性特征。同时，结合市场经济背景下的法律需求，强调了保护市场交易秩序和公民财产安全的必要性。

（3）研究方法

文献研究法：通过对已有文献的综合分析，了解和比较国内外关于合同诈骗罪的研究现状。

案例分析法：利用具体的司法案例来分析和讨论合同诈骗罪的具体应用，特别是在判断诈骗行为、财产损失等方面的司法认定。

法律解释法：通过解释《中华人民共和国刑法》及相关司法解释，阐述如何正确理解和适用合同诈骗罪的法律条文。

（4）研究结论

论文提出，为了更好地适应和服务于市场经济的需要，合同诈骗罪的司法认定应该更加明确和具体，特别是在如何界定欺骗行为、判断财产损失等方面。同时，强调了法律实践中需要充分考虑合同诈骗罪的特殊性和复杂性，确保刑罚的适当性和效果。

这篇论文通过系统地分析和讨论合同诈骗罪在法理和实务中的应用，为司法实践提供了理论依据和操作指南，有助于提高法官和法律从业者对合同诈骗罪认定的专业性和准确性。

上面的内容是 AI 工具对我们所上传的内容做了一个粗略的概括，我们可以继续和 AI 进行对话，比如可以让它对论文进行分析，概括出这篇论文的核心观点，指出作者的价值观等。

问：

请你概括出这篇论文的核心观点。

答：

本论文针对合同诈骗罪在司法实践中的认定问题进行深入分析，系统地论述了合同诈骗罪的理论基础及实际应用，致力明确和规范刑罚处罚范围，以适应市场经济条件下的法律需求。文章的核心观点聚焦于合同诈骗罪的基本特征、司法认定难点及其对市场经济的保护作用，提出了针对性的法律适用建议和解决方案。

首先，论文对合同诈骗罪的概念及其在《中华人民共和国刑法》中的位置进行了阐释，明确了其与一般诈骗罪的关系及特殊性。作者指出，合同诈骗罪不仅包括诈骗罪的一般性特征，如使用虚构或隐瞒事实的欺骗行为，无对价或近似无对价获取财产等，还需满足特殊性特征，如合同的形式要求及其在市场交易中的角色。

其次，论文深入探讨了合同诈骗罪的司法认定问题，特别是在实践中如何界定"欺骗行为"和"财产损失"。通过分析具体案例，作者揭示了现有司法解释中存在的模糊地带，指出判决中对欺骗行为的认定往往依赖具体情境，而财产损失的确定则需详细考量被害人的财产减少及其对经济秩序的影响。文章强调，合理界定这些核心概念对于确保法律的公正性和效率至关重要。

再次，论文讨论了合同诈骗罪在保护市场经济中的作用。作者认为，随着市场经济的深入发展，合同诈骗行为越来越多地表现出对市场秩序的破坏性，合同诈骗罪的严格制裁是对市场参与者诚信行为的必要保障。

最后，论文提出了对现行法律框架的改进建议，包括对合同诈骗罪法律条文的进一步明确化，强化法律解释的一致性和预见性，以及提升司法人员对经济法律关系的认识。

综上所述，本论文通过对合同诈骗罪的系统分析和深入探讨，不仅丰富了学术界对该领域的认识，也为实务界提供了操作性的指导，对促进我国市场经济的法治化进程具有重要的理论和实践价值。

问：

请指出作者的价值观。

答：

本论文的作者在探讨合同诈骗罪的司法认定问题中，展现出了强烈的法治价值观和对市场经济秩序维护的重视。作者认为，严格和精确的法律定义及其应用

> 是保障市场公正和经济秩序的关键,强调通过法律手段保护市场参与者的财产权和交易安全,从而推动社会主义市场经济的健康发展。此外,作者倡导对法律文本的明确化和对司法实践中的一致性强化,体现了其追求法律透明度和预见性,以确保法律的公正性和效率,展示了其深刻的法律专业精神和社会责任感。

5.2.2 对较多的文献进行归纳和整理

无论是我们自己搜索,还是通过 AI 辅助为我们搜索,参考的文献都会有很多篇,而且杂乱无章,因此可以借助 AI 工具,对这些文献进行分析和整合,如按照文献的主题、类型、时间、来源等不同维度对其进行整理和分类,并且按照不同的分类方法进行归纳和展示。

> **问:**
> 我上传给你 10 篇论文,请你对其进行整理和归纳。
> (因篇幅问题,文档内容略)
>
> **答:**
> 很好!接下来,我将逐一分析您提供的 10 篇关于消费者权益保护的文章,归纳其关键点,并根据主题和研究方法对它们进行分类
>
> *大数据杀熟行为中的消费者权益保护研究:*
> 主题:探讨大数据环境下的价格歧视问题,即所谓的"杀熟"现象,及其对消费者权益的影响。
> 方法:文献回顾和案例分析。
> 关键发现:提出了监管建议和技术手段来保护消费者免受基于消费历史的价格歧视。
> ……
> *他种平台型企业规则制定权探析——以消费者权益保护为视角:*
> 主题:分析非电子商务平台型企业在制定规则中的权利及其对消费者权益的影响。
> 方法:理论分析和法律评估。

关键发现：提出了加强对平台型企业规则制定权的监管的建议。

这些文章分布在金融消费者权益保护的多个领域，包括直播带货、第三方支付、大数据价格歧视等现象，涵盖了从具体实践到法律制度的多方面内容。以下是对这些文章的主题和方法的概括归纳：

（1）主题分类

金融服务与消费者保护：
资管新规背景下金融消费者权益保护问题研究；
金融消费者权益保护办好"关键小事"；
保护金融消费者权益：银行"打假"贷款中介。

技术应用与消费者权益：
大数据杀熟行为中的消费者权益保护研究；
算法价格歧视中的消费者权益保护；
基于消费者权益保护的大数据杀熟行为法律规制研究。

电商平台与消费者权益：
第三方支付中金融消费者权益保护法律问题研究；
直播带货消费者权益保护立法研究；
网络直播带货中消费者权益保护研究。

平台规则与消费者保护：
他种平台型企业规则制定权探析——以消费者权益保护为视角。

（2）研究方法

法律分析： 多篇文章通过对现行法律的解读和案例分析来探讨消费者权益保护的法律问题，特别是在金融服务和电子商务平台的环境下。

政策评估： 一些文章评估了相关政策如何影响消费者权益，提出了改进建议。

案例研究： 通过具体的消费者权益侵犯案例来揭示问题并提出解决方案。

技术分析： 探讨了大数据和算法如何影响消费者权益，以及技术如何用于加强保护措施。

……

我们还可以根据自己的需要，对文档的不同内容进行分析和整理，这会在很大程度上提高我们的写作效率。此外，还可以让 AI 工具根据我们的需要，从各个角度对文档进行归纳总结。

5.2.3 提取文献中的有用信息

在论文文献综述的过程中,我们可能需要提取其他文献中的部分内容作为引用,这时候可以借助 AI 工具,直接询问它,某一篇论文中是否有关键部分可以供我们来提取。

问:

我上传了一篇论文《网络直播带货中消费者权益保护研究》,请问我想撰写消费者权益保护的论文,能从中提取到什么关键信息和观点?

答:

从您上传的《网络直播带货中消费者权益保护研究》论文中,可以提取到一些关键信息和观点,这些内容将为您撰写关于消费者权益保护的论文提供丰富的参考资料。以下是这篇论文的核心内容概述:

(1) 行业背景和消费者权益挑战

网络直播带货作为新兴的"网红经济"模式,在数字经济环境下迅速发展。

直播带货的特殊性使得消费者权益保护面临更大挑战,尤其是在信息不对称和主播过度宣传的环境下。

(2) 法律风险与消费者权益损害

分析了网络直播带货中存在的法律风险,包括经营者、平台和主播的责任不清晰,消费者权益的侵犯现象突出。

论文详细探讨了消费者权益,如知情权、公平交易权和安全保障权等方面如何受损,以及导致这些问题的根本原因。

(3) 法律制度体系的剖析与建议

对现有法律体系,如《中华人民共和国消费者权益保护法》《中华人民共和国广告法》和《中华人民共和国电子商务法》进行了分析,指出了其在直播带货环境下的不足和漏洞。

建议加强法律规定,特别是针对网络直播带货的独特问题,提出了具体的法律规制路径,包括明确各主体法律责任、建立有效的监管体系等。

（4）具体保护措施与建议

提出完善网络直播带货中消费者权益保护的法律规制措施，如增强事前的监管、优化事中和事后的监管制度、建立行业自律管理机制等。

强调提高消费者的法律意识和维权能力，建议加强消费者教育和公众意识提升。

从这些分析中，您可以得到一个全面的框架来构建自己的论文，特别是探讨网络直播带货中的消费者权益保护的复杂性和多维度挑战。您还可以在此基础上探讨新的研究方向，如具体案例研究或比较研究，来进一步丰富和深化您的研究内容。

当然，我们在引用过程中，也可以使用具体的问题，来提取相关内容，比如，在撰写消费者权益保护的论文过程中，我打算引入直播的案例，请你提取相关的案例分析，供我研究等等。

5.3 引导组织撰写文献综述

在完成了文献的检索和概括之后,我们就需要把这些文献综合起来,为自己的论文服务了。对于文献综述,简单来说就是对我们所研究的选题现有的文献的总结。这部分内容,说明了我们的研究如何适用于这些文献,以及我们的研究会给文献带来一些什么样的新见解。

5.3.1 概述研究问题

在撰写文献综述的过程中,我们首先要陈述自己的研究问题。也就是说,我们要明确引出研究的内容。仍然以前文中的选题"行为经济学视角下消费者权益保护的理性与非理性行为的研究——基于实证分析"为例,要研究什么问题,可以直接询问 AI 工具,让它帮助我们概述研究的问题即可。

问:

请结合我所提供的文献,和我的论文选题,为我概述研究问题。

答:

在行为经济学视角下,探讨消费者权益保护中的理性与非理性行为具有深刻的理论与实际意义。该研究旨在通过实证分析揭示消费者在面对市场信息和选择时表现出的行为模式,特别是在决策过程中的非理性倾向。这包括但不限于受到情感、心理偏见和社会影响等因素的驱动,如何偏离传统经济学所预设的理性行为模型。

研究问题可以从以下几个方面进行阐述:

理性行为的界定与表现:在消费者权益保护的背景下,明确什么行为属于理性,这些行为如何支持有效的市场决策。

非理性行为的识别与影响:识别消费者行为中的非理性因素,如情绪波动、过度自信、从众等,并分析这些非理性行为对消费者保护策略的影响。

实证分析的应用:运用行为经济学理论和方法,通过收集和分析数据来验证理论模型,并探索消费者在现实市场环境中的行为表现。

> 综合上述方面，本研究将填补现有文献中关于消费者非理性行为在消费者权益保护领域中的研究空白，并为制定更有效的消费者保护政策以及实践提供理论支持和数据证据。

AI 工具的分析阅读能力非常强，可以识别出我们所提供文档中的核心部分，进而提供参考性的内容，所以在 AI 提供文献样本之后，我们可以直接询问它，让它提供一个文献综述的框架。

问：

根据我们的论文选题"行为经济学视角下消费者权益保护的理性与非理性行为的研究——基于实证分析"，提供一个文献综述的框架，按照分类列出各个类别的标题，不要引言和结论部分，只提供一级标题即可。

答：

对于您的论文选题"行为经济学视角下消费者权益保护的理性与非理性行为的研究——基于实证分析"，以下是一个文献综述的框架，其中只包含一级标题：

（1）行为经济学的理论基础

理性选择理论；

非理性行为模型。

（2）消费者权益保护的概念与重要性

消费者权益的定义；

消费者保护的法律与政策背景。

（3）消费者决策行为的经济学分析

理性决策的经济学模型；

非理性行为的经济学解释。

（4）行为经济学视角下的消费者保护

情绪和认知偏差的影响；

社会和文化因素的作用。

（5）实证研究在消费者行为分析中的应用

数据收集方法；

实证分析技术。

> 此框架涵盖了从理论到实际应用的多个方面，旨在为您的文献综述提供一个全面的框架。每个标题都聚焦于为您的研究问题提供相关的理论和实证背景。

5.3.2 文献综述的撰写

前面列出来的文献综述的框架，很像论文的章标题，原因是我们没有给 AI 工具提供完整的文献综述具体所包含的部分。其实对于文献综述来说，主要涉及下面几方面的内容：

引言：介绍文章轮廓、研究现状、焦点问题和写作意义。
主体：可以按时间顺序、研究主题、研究方法、学术流派等不同结构来组织。
结论：总结文献综述，提出自己的观点。

在实际应用中，我们可以根据文献综述所包含的部分引导 AI 工具分步骤去撰写文献综述。

1. 撰写引言部分

> **问：**
> 根据我们的论文选题"行为经济学视角下消费者权益保护的理性与非理性行为的研究——基于实证分析"，撰写文献综述的引言部分，其中应该包括文章轮廓、研究现状、焦点问题和写作意义。
>
> **答：**
> 在论文"行为经济学视角下消费者权益保护的理性与非理性行为的研究——基于实证分析"中，文献综述部分旨在探索并分析消费者行为的经济学理论及其实际应用。此研究集中于消费者决策过程中理性与非理性行为的动态，并试图理解这些行为在法律与政策层面上如何影响消费者权益的保护。
>
> 当前研究现状显示，尽管有广泛的文献探讨消费者行为及其对市场的影响，但从行为经济学角度审视消费者保护政策的文献相对较少。此外，现有研究多侧重于理性行为模型，而忽视了非理性因素如情绪、认知偏误对消费者决策的显著

影响。因此，本文的焦点问题是识别和分析这些非理性行为及其在消费者权益保护策略中的角色。

通过综合行为经济学的理论和实证分析，本研究旨在填补该领域的研究空白，提供更深入的理解和新的视角，以支持制定更有效的消费者权益保护政策。具体而言，文献综述将按照以下结构展开：首先介绍行为经济学的基本理论，然后分析消费者权益保护的法律与政策背景，其次探讨消费者决策中的理性与非理性行为，最后审视这些理论如何应用于实证研究以及对政策制定的启示。

通过这样的研究框架，本文不仅增强了对消费者保护领域的理论贡献，也提升了行为经济学应用于现实世界问题的实际效果。这一研究工作预计将为政策制定者提供更为有效的工具和策略，以保护消费者权益，特别是在全球化和数字化迅速发展的当下市场环境中。

AI 工具这次的表现还是不错的，它按照我们的要求将文献综述分为四段，生成了文献综述的第一部分内容，在实际应用中，我们只需要对其进行润色和修饰即可。

2. 撰写主体部分

在撰写主体部分的文献综述时，我们要注意引入前面所列出的文献综述的框架，防止 AI 工具跑偏。

问：

根据我们的论文选题"行为经济学视角下消费者权益保护的理性与非理性行为的研究——基于实证分析"，撰写文献综述的主体部分，这部分请引入上面对话框中的结构。可以按时间顺序、研究主题、研究方法、学术流派等不同结构来组织。

答：

根据您的论文选题"行为经济学视角下消费者权益保护的理性与非理性行为的研究——基于实证分析"，文献综述的主体部分将根据研究主题和方法进行组织，以体现不同学术流派对消费者行为分析的贡献。以下是各个部分的详细内容：

（1）行为经济学的理论基础

在此部分，将介绍行为经济学中的核心理论，特别是理性选择理论与非理性行为模型。理性选择理论认为消费者的决策基于最大化个人利益的计算,而非理性行为模型则强调情感、认知偏差如确认偏误、可用性启发式等对决策的影响。通过审视不同学者如 Kahneman 和 Tversky 的贡献,概述他们如何描述和解释消费者行为的非理性特征。

(2)消费者权益保护的概念与重要性

本节将探讨消费者权益的定义及其在全球经济中的重要性。包括对消费者保护法律和政策的分析,例如《中华人民共和国消费者权益保护法》和欧盟的《通用数据保护条例》(GDPR)是如何回应消费者权益受损问题的。此外,还将探讨不同国家和地区在消费者权益保护方面的立法差异及其背后的经济逻辑。

(3)消费者决策行为的经济学分析

在这一部分,将详细探讨消费者在市场环境中做出决策的经济学理论。通过分析如何运用行为经济学理论来解释消费者的购买决策、价格敏感度、品牌忠诚度等行为,特别是如何通过经验数据揭示消费者决策中的非理性因素,例如过度自信和风险规避。

(4)行为经济学视角下的消费者权益保护

这一节将重点分析行为经济学如何为消费者权益提供新的保护策略。讨论包括如何利用行为经济学原理设计更有效的消费者教育程序和政策干预,例如默认选项和信息披露政策,以及这些策略如何帮助消费者克服非理性偏差,做出更好的消费选择。

(5)实证研究在消费者行为分析中的应用

最后,将探讨实证研究方法在消费者行为研究中的应用,包括数据收集技术、统计方法和实验设计。概述目前行为经济学领域中使用的主要实证分析技术,如实验经济学方法和场景分析,以及这些方法如何帮助理解和预测消费者行为。

通过上述结构的文献综述,您的论文将系统地展示行为经济学在理解和促进消费者权益保护方面的理论和实践贡献。

AI 工具准确识别了我们的指令,对前面对话框中所列出的综述框架进行了深度论述。在文献综述的主体部分,现阶段生成的内容是比较笼统的,我们可以逐步引导 AI 工具继续细化相关内容。

> **问:**
> 请你在综述的第三点内容上,添加例证。

答：

在综述的第三点内容——"消费者决策行为的经济学分析"中，可以添加以下例证来进一步阐述理论的实际应用：

消费者决策行为的经济学分析

在分析消费者决策行为时，理论和实证研究均显示非理性因素在日常消费决策中具有显著作用。以下是一些具体的例证：

例证一：超市布局对消费决策的影响

研究显示，超市的产品布局对消费者的购买行为有重大影响。商品的位置安排，如将高脂肪、高糖食品放置在显眼位置，可以显著增加这些商品的销售量。此外，置于收银台附近的冲动购买商品也经常能诱导消费者进行非预期的购买，这些布局策略利用了消费者的即时满足欲望和购物疲劳，从而促使他们做出非理性的购买决策。

例证二：定价策略和消费者感知

定价策略，如心理定价显示了消费者行为的非理性特征。例如，定价为 9.99 元的商品比定价为 10 元的商品看起来更具吸引力，尽管价格差异微小。这种策略利用了消费者对价格下一数字的敏感反应，即使实际经济效益微乎其微。这种心理定价策略广泛应用于各种零售环境中，影响消费者的购买决策，显示了非理性行为在市场交易中的普遍性。

例证三：社会影响和消费行为

社会影响在消费决策中也扮演了重要角色。例如，个体可能会因为看到大量人群购买某个产品而决定购买同一产品，这种从众行为在新产品发布或折扣季时尤为明显。此外，社交媒体上的趋势和推荐可以迅速改变消费者的购买行为，即使这些决策与消费者的原始需求或预算不符。

虽然 AI 提供的例证并不具体，但是可以为我们指引一个方向，从而使我们搜寻相关的例子来佐证自己的观点。

3. 撰写结论部分

文献综述的结论部分可以由分析、批评和创新点三部分组成。我们应该总结文献综述，提出自己的观点，当然我们也可以借助 AI 工具来完成。

问：

根据我们的论文选题"行为经济学视角下消费者权益保护的理性与非理性行为的研究——基于实证分析",撰写文献综述的结论部分,这部分请总结文献综述,并提出自己的观点,可以由分析、批评和创新点三部分组成。

答：

在本文献综述中,我们探讨了行为经济学视角下消费者权益保护的理性与非理性行为,并基于实证分析进行了深入的讨论。通过梳理和分析相关文献,本研究凸显了行为经济学在解释和预测消费者行为模式方面的独特价值,尤其是在揭示消费者非理性行为及其对消费者权益保护政策和实践的影响方面。

行为经济学的核心贡献在于其对传统经济理论的扩展,特别是在理解消费者在不完全信息和外部压力下的决策行为方面。文献中的实证分析表明,消费者常常由于认知偏误、情感影响和社会环境等因素,偏离理性行为模型。这一发现为制定更为精细化的消费者权益保护措施提供了理论基础,强调了在政策设计中考虑非理性因素的重要性。尽管如此,现有研究的局限性也同样明显。很多研究依赖于特定的地区和文化背景,其普遍性和转化应用的能力存在疑问。此外,部分研究在方法论上存在不足,如样本选择的代表性不强和数据分析方法存在局限,这些问题可能影响到研究结论的可靠性和普适性。

鉴于以上分析和批评,本研究提出以下创新点:首先,未来的研究应加强跨文化和跨经济体的比较分析,以增强行为经济学理论在全球范围内的适用性和有效性。其次,建议结合心理学、社会学等学科的研究成果,发展一个更为综合的理论框架,以全面理解消费者行为的复杂性。最后,应用现代科技,如大数据分析和人工智能技术,来提高数据收集和分析的准确性,从而更有效地监测市场动态和消费者行为的变化。

通过上述研究,本文献综述不仅加深了对行为经济学在消费者权益保护领域的应用理解,还为未来相关政策的制定和实践提供了有力的理论支持和方法指导。这些贡献预期会在保护消费者权益方面发挥重要作用,特别是在越来越复杂的市场环境中。

通过上面一系列的过程,本论文的文献综述基本成型,只需要进行组织整理,这部分的工作也可以交由 AI 工具去做,由于篇幅限制,在此不作展示。

5.4 文献综述的综合性撰写和生成

前面已经简单介绍了文献综述的步骤化生成模式，但是在实际应用中，我们也可以采取综合性撰写的方式，如同前文所述的前言部分的撰写方式，但是文献综述和前言部分的不同点在于文献综述的篇幅较大，而 AI 工具对较长篇幅的撰写并不擅长，所以我们可以采取以下方式进行综合性撰写。

> **问：**
> 下面我提供一篇论文题目为《×××》的文献综述中的引言部分，请你分析这部分内容的结构、语言风格和论述方式。
>
> **答：**
> 略。
>
> **问：**
> 请你按照你分析出的模式，为我们的论文选题"行为经济学视角下消费者权益保护的理性与非理性行为的研究——基于实证分析"撰写文献综述的引言部分。
>
> **答：**
> 略。

后面的几部分，也是按照这个模式来进行撰写。AI 工具的短板就是不擅长处理较长的文本，所以我们可以把生成的内容拆分成几部分，让 AI 更好地为我们服务。

【第6章】
理论框架的组织和写作

相信很多学者都经历过这样一些事儿，在导师查看论文的时候，经常会说"论文没有理论框架"，那么理论框架究竟是什么？理论框架其实就是我们研究的理论基础，是我们整篇论文的理论支撑。

理论框架的目的是通过现有的学术理论对我们所研究的内容中的各个概念之间的关系作充分的说明，进而帮助我们阐明研究的问题，从而增强论文的学理性。所以说，理论框架是我们论文写作过程中的基础，能确立和限定我们研究的走向。

6.1 建立一个合适的理论框架

构建理论框架的首要任务是识别和整合相关理论和模型，这些理论和模型应能充分地解释研究中的现象和问题。

6.1.1 理论的选择

在理论的选择方面，挑选在学术圈中有广泛认可度以及使用范围广并且经过实践检验的理论是非常重要的。这不仅能保证我们的研究站在巨人的肩膀上，还能增强论文的说服力。简单来说，好的理论选择能让我们的研究更加稳健，也更容易得到学术界的认可。

对于理论的选择，我们可以让 AI 充分发挥它的数据库作用来为我们提供辅助。

> **问：**
> 我在撰写一篇论文"行为经济学视角下消费者权益保护的理性与非理性行为的研究——基于实证分析"，我需要构建一个坚实的理论框架。请指导我如何选择与我的研究问题密切相关的理论，特别是在法学角度和行为经济学角度。
>
> **答：**
> 略。
>
> **（1）行为经济学理论的选取**
>
> 行为经济学强调理性经济人假设的局限性，强调心理因素和认知偏差对消费者决策的影响。因此，可采用以下理论：
>
> 前景理论（Prospect Theory）：由 Kahneman 和 Tversky 提出，用于描述在面对风险选择时消费者的行为。此理论可以帮助解释消费者在不完全信息或误导性广告影响下的决策行为。
>
> 锚定效应（Anchoring Effect）：消费者在决策时会受到首次接触信息的影响，这对理解广告和定价策略对消费者决策的影响至关重要。
>
> 损失厌恶（Loss Aversion）：消费者对损失的厌恶超过对同等收益的喜好，这可以用来分析退货政策、保障计划等对消费者权益保护的影响。

（2）法学理论的选取

从法学的角度，可以关注与消费者权益保护相关的法律原则和制度安排：

契约法理论：特别是关于合同公平、透明义务及误导性陈述的法律原则。可以探讨法律如何调整合同条款，保护消费者免受不公平对待。

不当得利与不正当竞争法：分析在消费者权益保护中，如何防止企业的不正当市场行为，例如误导性广告和虚假宣传。

信息不对称与市场失灵：研究法律如何介入调整市场信息不对称问题，例如通过信息披露要求和消费者教育来提升市场的透明度和公平性。

（3）理性与非理性行为的研究理论

在消费者权益保护的研究中，探讨理性与非理性行为是核心内容之一，以下理论有助于深入理解这一领域：

有限理性（Bounded Rationality）：赫伯特·西蒙提出的理论，主张在决策过程中，人们因信息处理能力有限而无法达到完全理性，常常采取满意化的选择。这有助于解释消费者在复杂市场环境中如何做出决策。

心理账户理论（Mental Accounting Theory）：由 Richard Thaler 提出，解释消费者如何将资金划分为不同"账户"进行心理上的预算管理，这影响他们的消费决策和对金钱的感知。

习惯形成（Habit Formation）和惯性：研究消费者行为时，习惯和惯性是关键非理性因素，它们解释了消费者即使在面对更优选项时，为何仍旧坚持使用旧有产品或服务。

情绪决策理论（Affect Theory of Decision Making）：情绪在消费者决策中起着关键作用，尤其是在冲动购买或在品牌忠诚上。这一理论探讨情绪如何影响消费者的选择，特别是在压力或高兴情绪下的购买行为。

（4）实证研究方法的应用

为了使理论框架与实际问题相结合，可以设计实证研究来测试理论的有效性：

案例分析：选择具体的消费者权益侵犯案例进行深入分析，看理论如何应用于实际情况。

调查问卷：设计问卷调查，收集消费者关于特定市场行为的反馈，如价格敏感度、广告信任度和购买后行为。

数据分析：利用统计软件分析消费者行为数据，探索特定变量如价格变动、产品信息披露等对消费者决策的影响。

> 通过综合应用这些理论和实证方法，可以构建一个全面且坚实的理论框架，为深入研究消费者权益保护提供科学的支撑。

AI 工具在整合和系统化处理复杂信息方面是有独特的优势的。通过对广泛的文献快速访问和搜集，它能辅助我们提炼并组织相关的理论，提供一个结构化的理论框架，这可以在一定程度上节约处理信息的时间，为我们的论文写作增加深度和严谨性。

6.1.2 理论整合

对于上面所列出来的理论，我们需要将其整合起来，让它们能互相补充，共同发挥作用，这样就可以帮助我们构建一个更为全面、更加深入的理论框架。AI 工具可以通过自然语言处理技术，将上面的理论通过理论知识图谱和语义分析技术，对其进行识别，然后识别它们之间的相互作用和潜在联系。我们可以这样提问。

> **问：**
> 上面提供了四部分的理论框架，请你将上面这些理论整合成一个综合性的框架。
>
> **答：**
> 为了深入探究行为经济学视角下消费者权益保护中的理性与非理性行为，可以构建一个综合性的理论框架，将法学与行为经济学理论相融合，并以实证分析为基础，形成对消费者决策行为的解释模型。
>
> **（1）基础理论框架**
> 首先，结合行为经济学的核心理论，如前景理论、锚定效应、损失厌恶和心理账户理论，揭示消费者在决策过程中的非理性因素。这些理论帮助说明消费者在面对风险和不确定性时可能偏离传统经济学中的理性行为预期。例如，前景理论可以用于分析消费者如何在潜在损失和收益的评估中表现出明显的非对称性。

(2)法学视角整合

在法学的框架中,契约法理论、不当得利与不正当竞争法等理论为如何通过法律手段调整和保护消费者权益提供指导。法律原则在这里起到双重作用:一方面规制市场中的信息不对称和不公平行为,另一方面强化消费者的合法权益,如透明度和公正。

(3)理性与非理性行为的分析

通过有限理性理论探讨消费者决策的局限性,并结合习惯形成与情绪决策理论,分析消费者在长期和短期决策中如何受到非理性因素的影响。这包括情绪状态的影响、习惯对选择的制约,以及在特定情境下惯性如何导致非最优选择。

通过上述综合性理论框架的建立,可以全面地分析消费者在面对市场和法律环境时的决策行为。这不仅增强了对消费者行为动机的理解,而且为制定有效的消费者权益保护政策提供了科学依据,进一步推动了消费者权益保护的法律和经济研究。

6.1.3 明确关键的概念

前面已经列举出来了各种可能会涉及的概念,下一步需要找到这些明确的关键概念,从而确保每个关键词语都能定义清楚,这样任何阅读我们论文的人都可以轻松地跟上我们的思路。这不仅让论文更加专业,也避免了读者在理解上的迷茫。简而言之,一个好的起点是成功的一半,清晰的概念定义就是那个让我们能领先的起点。

问:

我们已经生成一个相对合理的理论框架,请明确框架中的关键概念和术语。

答:

基于行为经济学视角下消费者权益保护的理论框架,以下是该框架中的关键概念和术语,它们将有助于深入分析和解释消费者在市场中的理性与非理性行为:

（1）前景理论（Prospect Theory）

定义：由Kahneman和Tversky提出，该理论描述了人们在面对风险的决策中，如何权衡潜在损失和收益，特别是在评估过程中显示出对损失的敏感度远大于同等大小的收益。

应用：分析消费者在面对产品风险或不确定性信息时的选择偏好。

（2）锚定效应（Anchoring Effect）

定义：在决策过程中，个体依赖于初次获得的信息（锚）来做出判断，即使这些信息可能是不相关或误导的。

应用：解释消费者如何在初始价格或产品信息的影响下形成购买决定。

（3）损失厌恶（Loss Aversion）

……

（4）心理账户（Mental Accounting）

……

（5）有限理性（Bounded Rationality）

……

（6）习惯形成（Habit Formation）

……

（7）情绪决策理论（Affect Theory of Decision Making）

……

通过深入理解和应用关键概念和术语，研究者可以更准确地分析和解释消费者在不同市场环境下的行为动机，为制定和实施消费者权益保护政策提供理论基础。

至此，我们的理论框架基本建立，如果想要更细致的内容，可以让AI工具针对提出的某个板块做更深入的细化，从而让整个理论框架更加丰满和完整。这种细化工作可以通过AI工具的深度分析功能来实现，如通过对特定板块的文献进行更详尽的挖掘和内容分析，AI可以帮助我们发现该领域内的新趋势、未探讨的问题或者潜在的理论矛盾。

6.2 构建理论框架的方法

在构建理论框架时，我们可以采取多种方法来确保框架的全面性和实用性，特别是在整合 AI 工具的支持下，这些方法的执行效率和深度都可以大幅提升。

6.2.1 整体式的框架提问方法

这种策略通过设计一系列精心挑选的问题来探索理论之间的深层联系，不仅考虑理论的内容和结构，还着眼于它们与研究问题的关联。在这个过程中，利用 AI 的强大能力能极大提升效率和研究深度。AI 可以帮助我们设计关键问题、快速汇总大量文献信息、识别理论间的关系，并生成数据驱动的深刻见解。这样，不仅让问题的探讨更加深入，还能精确地构建出一个既全面又具有操作性的理论框架，为研究工作奠定坚实的基础。

> **问：**
> 我是一名马上毕业的在读研究生，我的专业是民商法学，研究方向是民法典方向。现在我需要写一篇硕士论文，我所确定的选题如下"行为经济学视角下消费者权益保护的理性与非理性行为的研究 基于实证分析 "。请你根据这个选题，帮我撰写理论框架部分。
>
> **答：**
> 在撰写关于"行为经济学视角下消费者权益保护的理性与非理性行为的研究——基于实证分析"的硕士论文中，理论框架部分是关键。该部分需要明确展示如何将行为经济学的理论与消费者权益保护结合起来，形成一个坚实的分析基础。以下是详细的理论框架构建：
>
> **（1）行为经济学理论的整合**
> 行为经济学在分析消费者行为时提供了对传统经济学理性行为假设的重要补充。在构建理论框架时，重点考虑以下理论：
> 前景理论：探讨消费者在决策过程中对潜在收益与风险的评估，特别是在面

对复杂的消费选择时，消费者往往展现出对潜在损失的过度敏感。

心理账户：分析消费者如何将资金和资源分类管理，以及这种分类如何影响他们的消费决策。

锚定效应与损失厌恶：评价初次信息对消费者决策的长远影响，以及消费者对损失的强烈反应。

（2）消费者权益保护的法理分析

结合民商法学中的相关法理，探讨如何通过法律手段实现消费者权益保护：

契约法原则：如何通过明确的合同规定和透明的信息披露来保障消费者权益。

不正当竞争与广告法：分析法律如何处理误导性广告及虚假宣传，以及这些行为如何影响消费者的决策。

信息不对称问题：探讨法律在解决消费者与商家之间的信息不平等问题中所扮演的角色。

（3）理性与非理性行为的界定与影响

从行为经济学的角度出发，详细分析消费者的非理性行为及其背后的心理机制：

有限理性：消费者在信息处理和决策制定上的局限。

习惯形成与惯性：历史消费行为如何影响当前和未来的消费选择。

情绪决策理论：情绪如何在消费者购买行为中起到决定性作用，尤其是在冲动购买情景中。

（4）实证分析的设计与方法论

构建实证研究的框架，用以测试理论的实际应用效果和准确性：

案例研究：选择特定的消费者权益侵犯案例进行分析。

实验设计：通过控制实验环境来观察和记录消费者的行为变化。

数据分析：运用统计工具分析收集的数据，以验证理论假设并提出政策建议。

和上面所生成的理论框架进行对比可以看出，用整体式的框架提问方法所生成的理论框架大体上是没有什么问题的，但是由于我们的问题提问所给出的关键词中的有效信息太少，所以 AI 工具只能根据我们的选题进行判断，因此答案较为宽泛。

6.2.2　结构化的框架提问方法

结构化的理论框架提问方法就是通过系统化的提问方式和答疑的过程从而更清晰地构建和细化理论框架。简单来说就是，我们首先明确理论框架需要哪些部分的内容，再通过提问的方式来引导 AI 工具生成相关的内容。

所以，我们在向 AI 提问的时候需要明确理论框架一般有以下几部分内容：基本理论、理论的发展形成过程、理论的现状、理论的应用以及理论的研究设计等。之后，便可以针对其中的一个理论进行提问，让 AI 根据以上几部分内容生成相关的文本。

问：

请你针对论文"行为经济学视角下消费者权益保护的理性与非理性行为的研究——基于实证分析"中所涉及的不当得利与不正当竞争法的理论来撰写理论框架部分。要求从理论框架结构即基本理论、理论的发展形成过程、理论的现状、理论的应用以及理论的研究设计等方面进行撰写。

答：

在撰写论文"行为经济学视角下消费者权益保护的理性与非理性行为的研究——基于实证分析"中，针对不当得利与不正当竞争法的理论部分，理论框架可以从以下几个方面展开：

（1）基本理论

不当得利与不正当竞争法的理论基础主要关注的是保护消费者和公平竞争。不当得利理论讨论了在没有法律依据的情况下，一方因他人的行为而获得利益的情形，而不正当竞争法则着重于防止企业在市场活动中采取欺诈或误导消费者的行为。这些理论为理解和解决市场中的不公平现象提供了法律框架。

（2）理论的发展形成过程

这部分将追溯不当得利与不正当竞争法理论的历史演变。从早期的法律条款到现代的综合性立法，探讨如何逐渐形成针对保护消费者权益和维持市场公正的详细法律规定。此外，将探讨各国如何通过法律改革应对新的市场挑战，如数字营销和在线交易引发的法律问题。

> **(3）理论的现状**
>
> 分析当前不当得利与不正当竞争法在全球范围内的执行情况，包括法律的广泛接受度、实施效果及存在的问题。此外，还需探讨这些理论在不同法域中的差异以及由此引发的国际法律冲突和合作机会。
>
> **(4）理论的应用**
>
> 从行为经济学的角度，分析不当得利与不正当竞争法在实际中如何应用来调节市场行为和保护消费者。具体包括法律如何处理误导广告、价格欺诈等问题，以及在面对复杂经济行为时，如何利用这些法律来纠正市场失灵和提升消费者福祉。
>
> **(5）理论的研究设计**
>
> 最后，展开如何通过实证研究来测试这些法律理论在现实中的适用性和效果。这包括设计案例研究、调查和数据分析等方法，来评估法律规定对改善市场行为、提升消费者满意度的实际影响，特别是探讨在数据驱动的市场环境下，这些法律如何适应新的挑战，如数据隐私保护和算法价格歧视。

在结构化的理论框架生成方面，相对于整体化的理论框架生成，生成的单一理论框架的文本质量明显提升，但是细节上还有一定差距，需要我们继续丰富和优化，因篇幅受限，我们仅对其中一点理论框架进行展示。

6.2.3 假设性的框架提问方法

此方法主要是通过设定一系列的假设问题，引导思考并探索出可能的答案和解决方案。简单来说就是先假设一个可能的情况或结果，然后围绕这个假设进行深入的讨论和研究。这样做不仅有助于我们更系统地理解研究主题，还能激发新的思考角度和创意。我们可以假设某一法律改革对消费者行为有积极影响，然后通过数据分析、调查或案例研究来验证这一假设是否成立。这种方法让整个研究过程更加灵活且目标明确，有助于我们捕捉到那些不那么显而易见的信息。这样来说有些抽象，接下来仍以上面论文中的不当得利与不正当竞争法的理论为例，直接对 AI 工具进行提问。

问:

在撰写论文"行为经济学视角下消费者权益保护的理性与非理性行为的研究——基于实证分析"中,我需要构建一系列和我理论框架相关的假设,请指导我如何基于不当得利与不正当竞争法的理论构建与我的研究问题相关的假设,并如何将这些假设进行有效的分析。

答:

在您的论文"行为经济学视角下消费者权益保护的理性与非理性行为的研究——基于实证分析"中,构建与不当得利与不正当竞争法相关的假设是一个关键步骤,这将帮助您系统地测试理论并验证实证分析的有效性。以下是构建这些假设的步骤和方法:

(1) 确定研究问题

首先明确您的研究问题:如何从行为经济学的视角,通过不当得利与不正当竞争法来保护消费者权益,并分析消费者的理性与非理性行为。

(2) 构建假设

基于研究问题,构建假设需要考虑法律理论与消费者行为的交互作用。假设应该具体、可测试,并能直接关联到您的理论框架:

假设1:不正当竞争法的严格执行减少了消费者对误导性广告的易感性,促使消费者做出更理性的购买决策。

假设2:在不当得利法规下,消费者在遭受不公平交易时的补偿要求会增强其自我保护意识,从而影响其非理性行为表现。

假设3:提高对不正当竞争行为的法律透明度和消费者教育将有效减少消费者非理性决策行为。

假设4:消费者对于不正当竞争和不当得利的法律认知水平与他们在面对市场操纵时的行为理性程度成正相关。

(3) 分析方法

为了有效分析这些假设,可以采用以下策略:

实证数据收集:收集与不正当竞争法和不当得利法执行相关的数据,如消费者投诉记录、法律诉讼案例和市场调查数据。

定量分析:使用统计工具如回归分析来测试假设之间的关系强度和方向。例如,分析法律执行的严格性与消费者投诉减少的相关性。

定性研究:通过焦点小组讨论或深度访谈收集消费者、法律专家和市场监管者的意见，以获取对假设的深入理解。

案例研究：挑选具体的市场事件或法律改革实例，分析在特定情况下消费者行为的变化。

（4）结果应用

分析结果常应用于提出具体的政策建议、改进法律框架和市场监管策略，以更有效地保护消费者权益并促进市场公正。

如果觉得仍不够详细，可以针对部分内容进行细化。

问：

在上述假设过程中，请详细解释"假设2：在不当得利法规下，消费者在遭受不公平交易时的补偿要求会增强其自我保护意识，从而影响其非理性行为表现。"如何实现？

答：

在假设2中，我们探讨了不当得利法规如何通过增强消费者在遭受不公平交易时的补偿要求，来提升其自我保护意识，进而影响其非理性行为表现。这个过程的核心在于法律对消费者权益的积极保护可以增强消费者的信心和能力，从而使他们在面对市场不公时能够采取更加理性的行动。具体来说，当消费者意识到法律提供了明确的补偿机制，他们更可能积极寻求法律途径来纠正遭遇的不公，这种行为的转变是基于对法律效力的信任和对自身权利的了解。此外，法律的明确性和可执行性也鼓励消费者在遇到问题时不是选择忽视或被动接受，而是采取主动措施来维护自己的利益，如通过法律咨询、向监管机构投诉等方式表达自己的权利要求。这种变化不仅限于提升单个消费者的行为理性，更通过示范效应和社会学习作用，在广泛的消费者群体中推广理性行为的典范。因此，不当得利法规的有效实施有助于构建一个更为公正和透明的市场环境，其中消费者被赋予了必要的知识和工具，以理性地识别和反对市场中的不公行为，从而在整体上减少市场的非理性行为的发生频率和强度。

经过以上内容的逐步细化，我们便可以尝试借助AI来撰写理论框架了。

6.3 理论框架的成型和优化

6.3.1 理论框架的成型

成型过程通常开始于对研究问题的深入理解,然后根据研究目的选择相应的理论支撑,并通过不断的文献回顾和前人研究的整合,形成一个初步的理论框架。

应将已掌握的理论知识与研究目标相结合,通过精确地界定研究变量和构建假设,系统地整合并扩展现有理论,以确保理论框架的创新性和适应性。这样做可以确保我们的研究在现有知识体系中占据一席之地,并提供新的视角或解决方案。在这一过程中,我们借助 AI 工具,向 AI 工具直接提问。

问:

在撰写论文"行为经济学视角下消费者权益保护的理性与非理性行为的研究——基于实证分析"中,针对不当得利与不正当竞争法的理论框架,请帮我讲解,如何将这个理论成型,且作用于这篇论文中。

答:

在您的论文"行为经济学视角下消费者权益保护的理性与非理性行为的研究——基于实证分析"中,有效地成型并应用不当得利与不正当竞争法的理论,需要通过一系列的步骤来确保理论与研究主题的契合度和应用的深度。以下是将不当得利与不正当竞争法理论整合到您论文中的方法:

(1)理论定位与阐述

首先,明确不当得利与不正当竞争法在消费者保护中的角色和重要性。不当得利法涉及无法律依据下的利益转移,而不正当竞争法则防止商业行为中的欺诈和误导,两者都直接关系到消费者权益的保护。在论文中应详细描述这些法律如何在理论上构建来保护消费者免受不公平商业行为的影响。不当得利法通过要求非法获利者返还利益,而不正当竞争法通过规制市场行为来维护市场的公平竞争环境。这两种法律的应用不仅仅是法律制裁的工具,更是构筑公平商业文化的基石,能够在多方面保障消费者利益不受侵害,促进健康消费环境的形成。

（2）理论与行为经济学的结合

将这些法律理论与行为经济学原理相结合。例如，探讨消费者在受到不正当市场影响时如何作出非理性决策，以及法律如何通过规制市场行为来减少这些非理性行为的发生。使用行为经济学中的理论，如前景理论、锚定效应等，来解释法律干预如何通过改变信息呈现和市场规则来调整消费者的预期和决策过程，进而促使更加理性的消费行为。

（3）案例分析

选择具体的案例来分析不当得利与不正当竞争法如何实际应用于保护消费者权益，以及这些法律实施的成效和局限。通过案例分析，可以具体展示这些法律在实际操作中如何有效地纠正市场中的不公正行为，影响消费者的理性或非理性选择，并对市场公正性产生积极影响。这不仅揭示了法律执行的直接成果，也展现了其在更广泛社会文化背景下的作用。

（4）数据和方法

利用行为经济学的方法和统计分析来测试不当得利与不正当竞争法的效果。可以收集与消费者投诉、法律诉讼和市场行为相关的数据，通过定量分析来评估法律改革前后消费者行为的变化。此外，可以使用实验经济学方法，例如设置对照组和实验组，来观察在不同法律环境下消费者决策的差异性，以及这些差异如何显著影响市场的整体健康和消费者满意度。

（5）理论的实际应用与推广

讨论如何将研究成果应用于现实中的政策制定和法律实践，提出改进现有法律和政策的具体建议。强调理论研究的实际价值，提出如何在未来更有效地通过法律手段保护消费者权益。在实践中，可以通过组织研讨会和政策论坛，邀请法律专家和市场监管者共同探讨，确保理论成果能够被广泛理解并实际应用。应通过案例研究和实地调研，持续监测法律实施的效果，及时调整和优化相关政策，以应对市场和技术的快速变化。

我们可以借助 AI 工具所给我们的提示，在论文研究中加入上面所生成的相关内容，从而丰富我们的研究。

6.3.2 理论框架的优化

有了理论框架,最后就要付诸实践了。应该分析这些理论对于实际的内容测量制定和用户参与度提升的意义。对于这部分内容,AI 是比较擅长的。

和 AI 的对话如下。

> **问:**
>
> 在撰写关于"行为经济学视角下消费者权益保护的理性与非理性行为的研究——基于实证分析"的论文时,我需要明确理论与实际应用之间的联系。请指导我如何将不当得利与不正当竞争法的理论应用到实际的消费者保护环境中,并分析,这些理论如何帮助理解和改善实际的消费者权益保护策略,我同时想了解这些理论对于维护消费者权益保护的策略制定的实际意义。
>
> **答:**
>
> 在撰写论文"行为经济学视角下消费者权益保护的理性与非理性行为的研究——基于实证分析"时,理论与实际应用之间的有效联系是至关重要的。不当得利与不正当竞争法的理论可以在多个层面上应用到实际的消费者保护环境中,并帮助优化消费者权益保护策略。以下是如何将这些理论应用于实际,并分析其对策略制定的实际意义:
>
> **(1)理论应用到实际的框架构建**
>
> 不当得利与不正当竞争法的理论为消费者权益提供了法律保障的理论基础。在实际应用中,这些理论可以帮助识别和制定针对性的策略来防止和解决消费者权益受损的问题:
>
> 不当得利理论:在实践中,这一理论可以用来支持制定政策,确保消费者在无合理法律基础的情况下获得的不当利益能够得到适当的处理。例如,如果一个消费者因为商家的错误标价而获得了不当优惠,这一理论可以用来解决随后的法律纠纷。
>
> 不正当竞争法:这一法律理论在实际中应用于防止商家通过误导广告、虚假宣传等方式欺骗消费者。实施这些法律可以减少市场上的欺诈行为,保护消费者免受不公平的商业实践的侵害。

（2）理解与改善消费者权益保护策略

通过将不当得利与不正当竞争法的理论应用到消费者保护策略中，可以更深入地理解消费者在市场中的行为和决策过程：

行为经济学视角：结合这些法律理论，行为经济学可以帮助解释消费者在面对市场欺诈和误导时可能表现出的非理性行为，如过度信任、锚定效应等。理解这些行为模式有助于设计更有效的消费者教育和公众宣传策略，从而提高消费者的市场警觉性和自我保护能力。

实证分析：通过收集和分析涉及不正当竞争和不当得利案件的数据，可以评估现有法律和政策的效果，从而调整和优化相关法律，使其更贴合消费者保护的需求。

（3）对策略制定的实际意义

这些理论不仅提供了保护消费者权益的法律框架，还为政策制定者提供了必要的理论支持，使他们能够：

制定更有针对性的法规：了解不当得利和不正当竞争的具体表现，可以帮助制定出更为精准的法律条文，对特定的不公平行为进行规制。这不仅增强法律的针对性和执行效率，还能确保法律公正性和市场秩序的维护。

提升法律执行效率：通过行为经济学分析消费者行为，政策制定者可以更有效地设计执行机制，确保法律规定能够在实际中得到有效执行，从而保护消费者权益。

通过将不当得利与不正当竞争法的理论应用到消费者保护的实际工作中，不仅可以增强消费者的保护机制，还可以促进整个市场的公平性和透明度，最终实现消费者权益的广泛保护。

理论框架就相当于我们的论文中说理的一个逻辑基础，论文的整个研究是在这个基础之上发散而出的，所以理论框架的撰写十分有必要。具体理论框架是什么？怎么架构？需要根据研究问题的性质和特征决定。在实际写作中，理论框架有时会被整合到文献综述一章，也可以作为单独的一章或一节出现。

通过合理使用 AI 工具，辅助来撰写理论框架，可以极大地提高研究的效率和深度。AI 工具如自然语言处理等可以快速筛选和处理大量文献资料，提取关键概念和理论关系，从而构建出清晰且符合研究目标的理论框架，这些如果我们自己去做，就相当费时费力了。

【第7章】
论文的研究方法论

在论文写作中，讨论研究方法是必不可少的环节，也是我们整篇论文中有指导意义的细节所在，这一部分内容包括了"你是做什么的""你是如何做的"等内容。通过这些内容，读者能够评估我们研究的可靠性和有效性。

所以说，一份完整的方法论应该包括以下内容：
我们所研究的类型是什么？
我们如何收集和分析数据？
我们需要使用什么工具和材料？
我们选择研究方法的理由。
而这些内容，都可以使用 AI 辅助我们来完成。

7.1 设计合理的研究方法

研究方法是指，我们在确定研究的问题和目标之后，根据具体的研究方法来设计研究方案的过程。其中，从整体上来说，研究方法有定量研究方法、定性研究方法以及混合研究方法。

7.1.1 定量研究方法

定量研究方法一般是指测量、排序、分类、确定其模式和概括说明。通过这一系列的研究，来发现统计中的相关性，从而得出普遍的规律和结论。我们可以直接询问 AI 工具，让它归纳出定量研究方法中的具体方法。

> **问：**
> 请你从学术角度列举出论文的定量研究方法中的具体方法，并且说明这些具体方法中的特点、要求以及适用范围等。
>
> **答：**
> 定量研究方法通过数值化的数据来验证假设或衡量变量之间的关系，通常涉及大样本，并依赖于统计分析来得出结论。以下是一些常用的定量研究方法，以及它们的特点、要求和适用范围：
>
> **（1）实验研究**
> 特点：能够控制变量，以测试因果关系。
> 要求：严格的随机分配和控制组设置。
> 适用范围：广泛应用于自然科学和社会科学，适用于需要明确因果关系的场景。
>
> **（2）调查研究**
> 特点：通过问卷或访谈形式收集数据，适合收集大量数据。
> 要求：问卷设计需科学，样本代表性强，避免偏差。
> 适用范围：适用于描述性研究，如市场调查、社会态度研究。

（3）相关性研究

特点：探索两个或多个变量之间的关联性。

要求：数据需符合相关分析的统计前提条件。

适用范围：用于研究变量间的关系，但不能确定因果关系，如心理学、社会科学领域。

（4）回归分析

特点：评估变量之间的依赖关系，预测一个或多个自变量对因变量的影响。

要求：数据必须满足正态分布、线性关系、方差齐性等假设。

适用范围：广泛应用于经济学、流行病学等领域，适合做预测和因果关系推断。

（5）元分析

特点：综合多个研究结果，提高统计力和结论的一般性。

要求：要求选取的研究具有可比性，分析方法科学。

适用范围：用于科学研究领域中已有大量研究但结论不一的情况。

这些方法在不同的研究领域有广泛的应用，选择合适的研究方法可以有效地支撑研究假设，提高研究的准确性和可靠性。

假设我们要撰写一篇题为"数字营销策略对消费者购买行为的影响研究"的论文，那么就必定会用到定量的研究方法，而这个过程可以用 AI 进行辅助。

问：

假设我是一名博士在读生，要撰写一篇论文，题目为"数字营销策略对消费者购买行为的影响研究"，请你担任我的研究方法的专家，为我指导。请你根据这个选题中的研究对象、研究问题和研究方法，制定一个合理且具体的研究设计方案。

答：

为了确保您的研究设计科学、系统并能够有效地回答研究问题"数字营销策略对消费者购买行为的影响"，这里提供一个详细的研究设计方案，包括研究对象、研究方法和数据分析策略。

（1）研究对象和样本选择

目标群体：选择消费电子产品的潜在购买者，因为这一群体通常对数字营销更为敏感。

样本规模：预计至少收集 1000 份有效问卷，以确保统计分析的代表性和可靠性。

抽样方法：采用分层随机抽样方法，根据年龄、性别和地区进行分层，以保证样本的多样性和广泛性。

（2）研究方法

调查研究

工具：设计一个问卷，包括基本的人口统计学信息，消费者对数字营销策略的感知，以及消费者过去一定时间内的购买行为。

内容：问卷中包括对不同类型的数字营销策略（如社交媒体、搜索引擎广告、内容营销等）的态度和反应评分。

实验研究

设计：实验设计为随机对照实验，随机分配参与者接触不同类型的数字营销广告。

变量：独立变量是不同类型的数字营销策略，依赖变量是参与者的购买意愿和实际购买行为。

回归分析

数据处理：使用结构方程模型（SEM）或多元回归分析来分析调查数据和实验数据，评估不同数字营销策略对购买行为的影响强度和方向。

控制变量：在分析中控制潜在的混杂变量，如个人收入水平、教育背景等。

（3）数据收集和分析

数据收集：通过在线平台和社交媒体发布问卷，同时在实体店进行实地调研收集数据。

预测试：在正式收集数据前，进行预测试以验证问卷的可靠性。

数据分析软件：使用 SPSS 或 R 语言进行数据整理和初步分析，利用 AMOS 或 Mplus 进行复杂的统计分析。

（4）预期结果

理论贡献：为数字营销的效果提供实证证据，拓展现有的消费者行为理论。

实践意义：帮助营销从业者理解和优化数字营销策略，以更有效地影响消费者的购买决策。

这个研究设计旨在通过综合利用调查、实验和回归分析方法,全面评估数字营销策略对消费者购买行为的影响,从而提供具有理论和实际双重价值的研究成果。

AI 工具制定的研究方法,可以为我们提供较大助力,这个研究方案也有很强的实操性,在实际应用中,我们可以随时向 AI 进行提问,询问任何不明白的内容,最终形成一个完善的设计方案。

7.1.2 定性的研究方法

定性研究方法一般是指描述、解释、联系和深入了解具体的概念或者现象。这种方法更像是我们使用放大镜来观察事物的细节和复杂性,通过定性的研究方法,学者可以探索人们行为背后的动机、态度和意义,从而获得更丰富和深刻的理解。询问 AI,让它给我们归纳定性研究方法的具体方法。

问:

请你从学术角度列举出论文的定性研究方法中的具体方法,并且说明这些具体方法中的特点、要求以及适用范围等。

答:

定性研究方法专注于获取深入的见解和理解个体、群体或特定情景的复杂性和细微差别。以下是一些常用的定性研究方法,以及它们的特点、要求和适用范围:

(1) 深度访谈

特点:通过一对一的访谈,收集详尽的个人经历、看法和情感。

要求:访谈者需具备良好的沟通技巧和敏感性,确保信息的准确记录和理解。

适用范围:适用于探索个人的内在体验、意见和动机,常用于心理学、社会学和市场研究。

（2）焦点小组

特点：组织一小组人就某一话题进行讨论，以收集群体内的观点和互动信息。

要求：需要选择合适的参与者，并由经验丰富的主持人引导讨论，确保话题的全面和深入探讨。

适用范围：适合收集社会群体或特定文化中的共识和多样性，广泛应用于公共政策和媒体研究。

（3）参与观察

特点：研究者亲自进入研究场景，通过观察和参与活动来收集数据。

要求：研究者需保持客观性，同时具备适应环境和建立信任关系的能力。

适用范围：特别适合于了解社会互动、日常行为和仪式等，常见于人类学和社会学研究。

（4）案例研究

特点：深入分析一个或几个案例，以揭示情境、过程和复杂关系。

要求：选择具有代表性或特殊意义的案例，系统地收集和分析多源数据。

适用范围：适用于教育、商业和法律领域，特别是在需要详尽理解特定实例的情况下。

（5）文档分析

特点：分析书面材料和档案记录，如日记、信件、政策文件等，以获取历史或背景信息。

要求：需具备批判性思维，能够评估文档的来源、意图和真实性。

适用范围：广泛应用于历史研究和政策分析，适合探讨已记录的事件和观点。

假设我们要撰写一篇题为"社交媒体影响下的青少年身份认同构建研究"的论文，那么必定会用到定性的研究方法，而这个过程我们可以用 AI 进行辅助。

问：

假设我是一名博士在读生，要撰写一篇论文，题目为：社交媒体影响下的青少年身份认同构建研究，请你担任我的研究方法的专家，为我提供指导。请根据这个选题中的研究对象、研究问题、研究方法来制定一个合理且具体化的研究设计方案。

答：

为确保您的研究设计科学、系统并能够有效地探索社交媒体如何影响青少年身份认同的构建，下面是一个详细的研究设计方案，包括研究对象、方法和数据分析策略。

（1）研究对象和样本选择

目标群体：选择年龄在13至18岁的青少年，因为这一阶段的青少年正处于身份认同发展的关键期。

样本规模：预计至少进行30至50次深度访谈，以及5至10个焦点小组讨论，每组包括6至10名青少年。

抽样方法：采用目的性抽样方法选择样本，确保包含不同性别、社会经济背景和社交媒体使用频率的青少年。

（2）研究方法

深度访谈

工具：设计半结构化的访谈指南，包含开放式问题，探索青少年在社交媒体上的自我表达、互动经历和感受。

执行：访谈将由研究者亲自进行，每次访谈预计持续45至60分钟，面对面或通过视频通话完成。

焦点小组

设计：焦点小组旨在激发青少年间的互动讨论，揭示群体环境中的身份认同形成过程。

主题：包括社交媒体对其自我认知的影响、群体压力和支持体验等。

文档分析

材料：分析青少年在社交媒体如 Instagram、Snapchat 和 TikTok 上的公开帖子和互动。

目标：获取关于青少年如何在社交平台上展示自己的数据，包括使用的语言、图片和与同伴的互动等。

（3）数据收集与分析

数据收集：使用数字录音设备记录所有访谈和焦点小组的讨论，随后进行文字转录。

数据分析：应用主题分析法对访谈和焦点小组数据进行编码和分类，文档分析则用来补充和验证访谈及焦点小组的发现。

软件工具：使用 **NVivo** 或 **ATLAS.ti** 软件支持定性数据的组织和分析。

> (4) 预期成果
>
> 理论贡献：提供社交媒体如何影响青少年身份认同构建的深入见解。
>
> 实践意义：为教育者和政策制定者提供指导，帮助他们更好地理解和支持青少年健康社交媒体的使用。
>
> 通过这种综合使用深度访谈、焦点小组和文档分析的方法，您的研究将能够全面探索社交媒体在青少年身份认同构建中的角色，确保能够提供深入且广泛的视角和实证支持。

7.1.3 混合研究方法

简单来说，混合研究方法就是把定量研究和定性研究方法相结合的方式，这样做的优势是能够同时获得广泛的数据和深入的个体洞见，从而使研究的结果更全面和可靠。

对于实际操作而言，就是通过合理地使用 AI 工具，来实现最终的混合研究。

> **问：**
>
> 我要撰写一篇题目为"社交媒体影响下的青少年身份认同构建研究"的论文，我需要选择最合适的研究方法。请你指导我如何根据我的研究问题，选择合适的研究方法达到最终的研究目标。
>
> **答：**
>
> 为确保您的论文能够全面、深入地探索社交媒体如何影响青少年的身份认同构建，选择合适的研究方法至关重要。基于您的研究题目，我们可以综合使用混合研究方法，这样不仅可以量化社交媒体的使用情况和影响，还能深入了解青少年个体的感受和经历。以下是根据您的研究问题选择和设计研究方法的步骤：
>
> (1) 确定研究问题的核心需求
>
> 您的研究问题聚焦于"社交媒体如何影响青少年的身份认同构建"。这涉及了影响（因果关系）和过程（身份构建的过程），适合采用能够揭示因果关系和深入理解过程的混合方法。

（2）选择混合研究方法

为了全面回答这个问题，建议采用以下混合研究方法：

定量方法

调查问卷：设计问卷调查，收集青少年关于他们在社交媒体上的行为模式、频率、参与程度以及社交媒体使用与自我感知之间的关系的数据。这可以帮助您量化社交媒体使用与身份认同感之间的相关性。

定性方法

深度访谈：通过一对一的深度访谈，探讨青少年如何感知社交媒体对其身份的影响，包括积极和消极的方面。这将帮助理解背后的动机、情感和个人经历。

焦点小组：组织几个焦点小组讨论，让青少年在群体中讨论和反思社交媒体对他们身份认同的形成和表达的影响。这可以揭示社交互动和群体压力的角色。

（3）数据分析

定量数据：使用统计软件（如 SPSS 或 R 语言）进行数据分析，包括描述性统计、相关性分析和回归分析，以探索变量之间的关系和影响力。

定性数据：应用内容分析或主题分析方法，对访谈和焦点小组的记录进行编码和分类，以深入理解青少年的个人观点和情感。

（4）结合定量和定性结果

通过整合定量和定性的研究结果，您不仅可以展示社交媒体使用的普遍趋势和影响，还能展示这些趋势如何在个体层面上具体表现和被感知。

这种方法结合了定量数据的广度和定性数据的深度，能够提供一个全面的视角，深入理解和回答您的研究问题。这样的方法设计将有助于您深入揭示和解释社交媒体如何在不同层面上影响青少年的身份认同构建。

可以看到，AI 自动使用了混合型的研究方法，但是这对于我们来讲可能有些抽象，对此，我们可以让 AI 工具帮助继续解释其中某一点研究方法。

问：

请你为我解释一下定量方法中的调查问卷，将这个完整的问卷呈现出来。

答：

略。

7.2 研究方法的数据收集和方法选择

7.2.1 选择样本和数据源

样本的选择要求我们弄清楚需要找到哪些样本,而数据源就是要明确数据从哪儿来,我们可以直接对 AI 进行提问。

问:

我是一名在读博士,在撰写一本关于社交媒体影响下的青少年身份认同构建研究的论文,我需要明确样本选择和数据来源,请指导我应该怎么选择合适的样本,并且怎样确定样本的大小,同时要明确,如何从不同的数据获取源中收集有效的数据。

答:

在进行关于社交媒体对青少年身份认同构建影响的研究时,选择合适的样本和确定数据来源是关键步骤,这将直接影响研究的有效性和结果的可靠性。以下是关于样本选择、样本大小确定和数据收集来源的详细指导:

(1) 样本选择

目标人群定义

定义青少年的年龄范围,通常为 13 至 18 岁,这一阶段是身份认同形成的关键时期。

考虑包括不同性别、社会经济背景、地理位置(城市与乡村),以及社交媒体使用习惯(频率、平台种类)的多样性。

抽样策略

使用分层抽样方法以确保样本的多样性和代表性。例如,可以按照地区、性别和年龄进行分层,从每个子群体中随机抽取样本。

考虑使用方便抽样获取特定群体的数据,例如在特定学校或社区中进行抽样。

(2) 确定样本大小

统计功效分析

使用统计软件进行样本大小计算,确保研究有足够的统计功效去检测效应大小。

考虑预期的效应大小、所需的置信水平（通常为95%）和统计功效（通常为80%或更高）。

前期研究参考
参考类似研究中使用的样本大小。
考虑资源和时间限制，权衡可行性和研究目标。

（3）数据来源

主要数据收集
调查问卷：通过在线平台或学校合作，分发自设计的问卷，收集青少年关于社交媒体使用和身份认同的数据。
深度访谈和焦点小组：选择一部分问卷参与者进行深入访谈，获取更细致的数据。

次要数据来源
考虑使用已公开的研究数据或数据库中的相关数据进行补充分析。

数据的有效性和适用性
确保所有数据收集工具（如问卷和访谈指南）经过预测试和有效性验证。
选择数据来源时，考虑数据的时效性和相关性，确保其能够准确反映当前青少年的社交媒体使用状况和身份认同问题。

经过 AI 的辅助，可以确保样本的代表性和数据来源的适用性，为我们的论文写作提供坚实的数据基础，能更加深入地探讨和理解社交媒体如何影响青少年的身份认同构建。

7.2.2 数据的收集和处理

在选择了样本和数据源后，就需要有效地收集和处理数据了。而在收集处理过程中，我们需要考虑什么问题，如何保证数据的可靠性呢？对此，可以直接向AI提问。

问：

我是一名在读博士，在撰写一本关于社交媒体影响下的青少年身份认同构建研究的论文，前面已经选择了样本和数据源，现在我需要有效地收集和处理数据。请指导我在选择数据收集方法的时候所应该考虑的关键问题，并为我提供关于数据预处理的建议和步骤。

答：

在您的研究中，选择合适的数据收集方法及进行有效的数据预处理是至关重要的步骤，这不仅关系到研究结果的准确性，也直接影响到研究的可靠性和科学性。以下是一些关于数据收集方法选择和数据预处理的关键考虑因素和建议：

（1）数据收集方法的选择

明确研究问题和目标：首先明确您想要通过数据回答的具体问题，这将直接影响您选择的数据收集方法。例如，如果研究目标是了解青少年在社交媒体上的行为模式，可能需要采用定量的调查方法；若探索青少年的感受和经验，则定性的访谈或焦点小组更为合适。

考虑数据的代表性和可访问性：选择能够代表您研究目标人群的数据源。同时，确保数据来源的可访问性，比如社交媒体平台的数据接口（API）限制等。

伦理和隐私问题：在收集和使用青少年的社交媒体数据时，必须严格遵守相关的伦理标准和法律法规，确保在数据的收集过程中保护参与者的隐私权。

技术和资源的可用性：评估您拥有的技术资源是否足以支持您的数据收集方法，例如是否有足够的技术支持来抓取大量的社交媒体数据，或者是否有资金支持进行广泛的问卷调查。

（2）数据预处理的建议和步骤

数据清洗：去除重复记录，修正明显的错误或异常值。对于社交媒体数据，还需特别注意清除机器生成的内容（如机器人账户的数据）。

数据转换：根据需要将数据转换为适合分析的格式。例如，将非结构化的文本数据转换为可进行文本分析的格式，或将时间戳数据标准化。

缺失数据处理：识别数据中的缺失值，并决定是删除、填补还是保留这些缺失值。填补方法可以是简单的均值填补，或更复杂的统计方法，如多重插补。

数据归一化：对于定量数据，特别是涉及多个变量的比较时，进行数据归一化或标准化，以消除量纲影响，使数据处于同一量级。

特征选择和降维：选择与研究目标最相关的特征，必要时应用降维技术，如主成分分析（PCA），以简化模型并降低计算复杂性。

确保数据的一致性：检查数据集中的所有数据是否按照相同的标准和格式进行记录和存储，确保数据集的整体一致性。

(3) 确保数据的可靠性

进行有效的样本量计算：确保样本量足够大，能够代表整个研究群体，减少偶然误差。

多次验证数据源和收集方法：通过多种方法验证数据的可靠性，如与其他研究或数据源进行对比。

透明度和可复现性：确保研究方法和数据处理过程的透明度，使其他研究者能够复现您的研究结果。

在此，我们可以将获得的数据上传给 AI，让它直接分析，也可以根据 AI 提供的数据收集的方法整理数据，逐步完善我们的研究。

7.2.3 数据分析方法的确定

对于数据的分析方法，其实和前面所讲的设计合理的研究方法类似，同样是包括定量、定性以及混合的研究方法。在此，我们直接看如何使用 AI 辅助来确定数据分析的方法。

问：

我在撰写一本关于社交媒体影响下的青少年身份认同构建研究的论文，我需要明确我的数据分析的方法，请你指导我如何选择和应用适合我的研究的统计工具和技术，并且告知我如何进行有效的内容和数据分析。

答：

在关于社交媒体影响下的青少年身份认同构建的研究中，选择合适的数据分析方法对于揭示研究问题的本质至关重要。您的研究似乎需要同时采用定量、定性以及可能的混合方法来全面分析数据。以下是各种方法的应用指导以及如何选择最适合您研究的分析工具和技术：

（1）定量分析方法

描述性统计：使用基本的统计量，如平均值、中位数、标准差等，来描述数据的基本特征。这可以帮助您概述数据集中青少年的社交媒体使用行为。

推断性统计：运用 t 检验、方差分析（ANOVA）或回归分析等方法来测试假设，例如社交媒体使用频率与身份认同感之间的关系。

因子分析或主成分分析：如果数据维度较高，这些方法可以帮助您识别背后的潜在变量，简化数据结构。

（2）定性分析方法

内容分析：系统地描述社交媒体内容的特点，如主题、情感倾向等。这对于理解青少年如何在社交媒体上表达自我非常有帮助。

话语分析：分析社交媒体上的交流方式，理解青少年如何通过文字互动构建自己的身份。

案例研究：深入研究个别青少年的社交媒体使用案例，提供对身份认同构建过程的详细见解。

（3）混合方法分析

集成方法：将定量数据和定性见解结合起来，例如使用定量方法验证定性研究发现的模式和主题。

序贯设计：先进行一种类型的分析，根据其结果指导第二种类型的分析。例如，先进行定量分析确定关键变量，再通过定性分析探究这些变量的深层含义。

（4）选择合适的分析工具

定量数据分析：SPSS、Stata、R 语言、Python（特别是 pandas 和 scikit-learn 库）等软件和编程语言，适合处理大量数据和执行复杂的统计分析。

定性数据分析：NVivo、Atlas.ti、MAXQDA 等软件可以帮助您组织、编码、分析定性数据。

混合方法分析：可以结合使用上述工具，确保两种数据类型的分析均得到适当处理。

（5）进行有效的内容和数据分析

确立分析框架：根据您的研究问题和理论框架，明确您希望通过数据分析解答的具体问题。

> 数据准备：确保数据质量，进行必要的数据清洗和预处理。
> 执行分析：选择合适的统计技术或内容分析方法，进行数据分析。
> 结果解释：解释分析结果，将其与理论联系起来，探讨其对现有研究的贡献。

结合使用定量、定性以及混合方法，可以让我们的论文从不同的角度深入分析社交媒体如何影响青少年的身份认同构建，这样的多维度探讨能够使我们的论文增加深度和广度。

经过上面的几步，我们再对 AI 进行提问，让它帮助组织总结研究结果，就可以生成完整研究方法的内容了。

【第8章】
正文的写作

前面已经完成了关于论文的选题、前言、文献综述与研究背景、理论框架和研究方法的写作。接下来就要准备撰写正文了。正文部分是论文的核心内容,它需要展现我们的数据研究的结果,再通过各种详细的论证,来展现研究的创新点和学术贡献。

8.1 论文正文写作的基础

对于论文正文写作的基础除了前面所讲的内容之外,我们在写作之前,还需要有一个学术论文的框架。当然我们可以利用 AI 工具形成一个合理的研究框架。我们已经有过对于理论和研究方法的记录,所以可以直接使用 AI 工具,让它直接为我们生成一个框架。

> **问:**
> 请基于前面我所讲到的理论以及研究方法等,为我的论文:行为经济学视角下消费者权益保护的理性与非理性行为的研究——基于实证分析,拟定一篇论文的写作大纲。
>
> **答:**
> 为了构建一个有力的论文大纲,考虑到您的研究主题是从行为经济学的角度探讨消费者权益保护中的理性与非理性行为,并结合实证分析,以下是一个详细的论文写作大纲:
>
> ### 摘要
> 研究背景与重要性
> 研究目的与问题
> 主要研究方法
> 研究结果概述
> 研究的理论与实际意义
>
> ### 第一章:引言
> 1. 研究背景
> ①消费者权益保护的现状与挑战;
> ②行为经济学在消费者行为研究中的应用。
> 2. 研究问题和研究目的
> ①明确研究的核心问题;
> ②研究的学术贡献与实际应用价值。
> 3. 论文结构
> 章节内容概述

第二章：文献综述

1. 消费者权益保护的理论基础
①经典理论；
②现代理论。
2. 行为经济学的基本原理与研究进展
①理性选择理论；
②非理性行为的经济学解释。
3. 行为经济学与消费者权益保护的交叉研究
①国内外研究案例；
②理论与实践的差距分析。

第三章：研究方法与数据

1. 研究设计
①研究框架；
②假设的提出。
2. 数据收集
①数据来源；
②数据收集方法。
3. 数据分析方法
①定量分析工具；
②定性分析框架。

第四章：实证分析

1. 数据描述与预处理
①数据清洗；
②描述性统计分析。
2. 实证结果
①理性行为的数据分析；
②非理性行为的数据分析。
3. 假设检验
各假设的验证结果

第五章：讨论

1. 主要发现的解读
①理性与非理性行为的影响因素；

②行为模式的经济学意义。

2. 理论与实际的对接

行为经济学理论在实际消费者保护中的应用

3. 研究局限与未来方向

①方法上的局限；

②未来研究的可能方向。

第六章：结论

1. 研究总结

对研究问题的回答

2. 政策建议

基于研究结果的具体建议

3. 研究的贡献

①学术贡献；

②社会实践贡献。

参考文献

附录

数据一 分析代码——问卷或其他研究工具

AI生成的大纲只能给我们提供一些参考，我们还要在其生成的大纲的基础上进行修改和完善，这个框架仅仅算是一个基础性的框架。

在此提供一个能让AI写出更好框架的方法。

第一步：让AI明确我们的身份背景，比如学术研究的助理。

第二步：给定AI明确的任务，如撰写某个学业阶段的毕业论文大纲。

第三步：设定具体的目标，如确定主题，划分章节，保证逻辑性。

第四步：明确各章节的标题需要直观地反映研究内容，结构化清晰一些。

所以我们可以根据上面的内容，和AI继续对话。

问:

我是一名博士在读生,请你充当学术研究助理,撰写行为经济学视角下消费者权益保护的理性与非理性行为的研究——基于实证分析,拟定一篇论文的写作大纲。要求确定主题,划分章节,保证逻辑性。具体来说,要为每个一级标题提供3~5个二级标题,明确每个部分的具体内容,使它们紧密相关并具体到足以指导我们的写作。

答:

论文标题:行为经济学视角下的消费者权益保护:理性与非理性行为的实证分析

论文摘要:

研究背景:概述当前消费者权益保护的重要性和行为经济学在该领域的应用。

研究目的:明确本文旨在探讨消费者在市场交易中表现出的理性与非理性行为及其对权益保护的影响。

方法论:介绍实证分析的方法和数据来源。

研究意义:阐述研究成果对理论和实践的贡献。

第一章:引言

1. 研究背景与问题的提出
①消费者权益保护的现状;
②行为经济学在消费者权益保护中的适用性;
③研究的必要性和重要性。
2. 研究目的与问题的界
①明确研究目标;
②研究问题的具体表述。
3. 文献综述
①国内外研究现状;
②理论与实证研究的演进。
4. 研究方法与数据来源
①数据收集方法;
②数据分析技术。
5. 研究贡献与创新点

①理论贡献；

②方法论创新；

③实践意义。

第二章：行为经济学理论框架

1. 行为经济学基本原理

①理性选择理论；

②非理性行为模型。

2. 消费者行为的理性与非理性

①决策制定过程；

②偏差与启发式。

3. 消费者权益保护的理论基础

①契约理论；

②信息不对称。

4. 行为经济学与消费者权益保护的交叉点

①行为偏差对权益保护的影响；

②行为经济学策略在消费者权益保护中的应用。

第三章：实证分析设计与方法

1. 研究设计

①研究假设；

②研究模型。

2. 数据收集与处理

①调查问卷设计；

②数据采集方法。

3. 分析方法

①描述性统计分析；

②回归分析。

4. 变量的定义与操作化

①理性行为指标；

②非理性行为指标。

第四章：实证分析结果

1. 描述性统计结果

①与者基本信息；
②行为数据分布。
2. 理性行为分析
①理性决策模式；
②影响因素。
3. 非理性行为分析
①主要非理性偏差；
②影响非理性决策的因素。
4. 综合分析
①理性与非理性行为的相互作用；
②行为模式对消费者保护的影响。

第五章：讨论与政策建议

1. 研究结果的讨论
①理论与实证的对比分析；
②研究假设的验证结果。
2. 政策建议
①针对理性行为的政策措施；
②针对非理性行为的干预策略。
3. 研究限制与未来展望
①研究的局限性；
②未来研究方向。

结论

1. 研究的主要发现
2. 理论与实践的综合影响
3. 对未来研究的启示

AI 此次列出的大纲对于行为经济学视角下探索消费者权益保护的理性和非理性的行为有一个非常详细的框架。和前面所生成的大纲相比，这份大纲更符合我们写作论文的习惯，在接下来的正文写作过程中，可以进一步优化后，继续撰写正文的内容。

8.2 AI 辅助正文的写作

有了前面的各项工作的准备，正文写作的过程就变得非常简单了，我们只要保证所输出的内容不偏离论文的中心思想就可以了。

8.2.1 分段式的 AI 辅助写作

所谓分段式辅助写作，就是把论文大纲中的内容分成小段，分别让 AI 生成内容。我们以前文生成的大纲中的一部分"消费者权益保护的理论基础"为例，看看 AI 如何辅助我们写作正文。

> **问：**
> 我是一名博士在读生，正在撰写"行为经济学视角下消费者权益保护的理性与非理性行为的研究——基于实证分析"的论文，其中有一节内容要写"消费者权益保护的理论基础"，请你充当学术研究的导师，为我详细解读这部分内容。
>
> **答：**
> 在行为经济学视角下探讨消费者权益保护的理论基础，涉及对传统经济学中的"理性人假设"进行批判性审视，并引入心理学和社会学的洞见以更准确地描述消费者行为。消费者权益保护的理论基础不仅要考虑消费者在市场交易中的行为表现，还需探讨这些行为背后的动机和制约因素，包括消费者信息处理能力的局限、市场环境中的不对称信息分布，以及消费者决策过程中可能出现的各种偏差。
>
> **（1）理性行为模型与消费者权益保护**
> 传统的消费者权益保护理论常常基于完全理性的消费者行为假设。这一假设认为消费者总是能够最大化其效用，即在完全信息的前提下做出最佳选择。然而，行为经济学提出的理论对此提供了重要的补充。例如，行为经济学指出，消费者在实际决策过程中受到有限的注意力、有限的信息处理能力以及各种认知偏差的影响，如确认偏误、过度自信以及框架效应等。这些因素导致消费者无法做出完全理性的决策，从而需要额外的保护措施来纠正市场的失灵和防止企业的剥削行为。

（2）非理性行为的理论框架

非理性行为理论，尤其是 Kahneman 和 Tversky 的前景理论，为理解消费者在面对复杂市场选择时可能出现的非理性反应提供了框架。前景理论通过损失厌恶原理解释了消费者为何对潜在的损失反应比同等大小的收益更为强烈。此外，行为偏差如羊群效应（消费者倾向于模仿他人的购买决策）和锚定效应（消费者决策受到首次接触信息的不成比例影响）也在实际市场行为中普遍存在，这些行为偏差常常导致消费者做出不利于自身利益的决策。

（3）消费者权益保护的行为经济学应用

基于上述理论基础，消费者权益保护政策的制定应当重视提高市场透明度和消费者决策质量。例如，政策制定者可以通过设计简明扼要的信息披露政策来帮助消费者克服信息过载的问题，使他们能够在较少的认知负担下做出更理性的选择。此外，考虑到消费者的损失厌恶倾向，合理的退换货政策和保障措施可以有效减少消费者的后顾之忧，增强消费信心。

此外，行为经济学还强调在设计消费者权益保护政策时考虑行为干预的必要性，如默认选项和助推策略。这些策略通过改变选择的呈现方式而非限制选择自由，有效地引导消费者做出更有利于自身的决策。

总之，行为经济学视角下的消费者权益保护理论基础要求我们重新评估消费者在市场中的行为表现，识别和解释消费者决策中的非理性元素，并在此基础上设计有效的政策工具来提升消费者福祉。这一理论视角不仅丰富了我们对市场交易中消费者行为的理解，也为制定更为精准和人性化的消费者权益保护政策提供了科学依据。

AI 基本上把"消费者权益保护的理论基础"解释清楚了。但是它的解释是否正确，我们所需要的是否是这个角度，AI 却没有完全理解。

8.2.2　借鉴材料引导 AI 辅助撰写

因为 AI 的分段式撰写可能稍显空洞，并且没有什么学术性，所以我们可以让它围绕一些资料进行总结之后再扩写。

问：

我提供下面的材料，请对其进行总结。

材料略。

答：

消费者权益保护的理论基础强调通过法律和政策来纠正市场不完全性和信息不对称，确保消费者权益不受侵犯并维持市场交易的公正性。

问：

请你扮演一名博士在读生，正在撰写行为经济学视角下消费者权益保护的理性与非理性行为的研究——基于实证分析的论文，其中有一节内容要写"消费者权益保护的理论基础"，请你根据"消费者权益保护的理论基础强调通过法律和政策来纠正市场不完全性和信息不对称，确保消费者权益不受侵犯并维持市场交易的公正性。"来扩写上面的内容。

答：

在撰写关于行为经济学视角下消费者权益保护的理性与非理性行为的研究中，消费者权益保护的理论基础一节的核心内容围绕法学角度来展开，以阐释如何通过法律和政策纠正市场的不完全性和信息不对称，保障消费者的合法权益，并维护市场交易的公平性。以下是对这一主题的详细讨论：

消费者权益保护法律旨在提供一个框架，用以监管市场活动，保护消费者免受不公平和欺诈性的商业行为的伤害。这包括但不限于防止误导广告、保证商品和服务的质量以及确保消费者在交易中的知情权和选择权。这些法律措施的目的是创建一个健康的消费环境，使消费者能够在更加平等的情况下做出决策。市场不完全性主要表现在两个方面：一是市场结构的缺陷，如垄断和寡头垄断情况；二是市场运作的失灵，如信息不对称。消费者权益保护的理论基础通过法律手段介入，比如实施反垄断法和促进市场竞争，以及通过强制信息披露和标准化产品信息来解决信息不对称的问题。

在许多市场交易中，卖方通常比买方拥有更多的信息，这导致消费者在做出购买决策时可能处于不利地位。通过实施各种消费者权益保护政策，如强制的产品标签、安全标准和透明的定价规则，可以有效减少信息不对称带来的问题。此外，提供教育资源和建立消费者咨询服务也是纠正信息不对称的有效手段。确保消费者权益不受侵犯是消费者权益保护法的核心。这包括保护消费者免受不公平或欺诈性的商业行为侵害，维护其合法权利，如退货

> 退款权、维修、更换及赔偿权等。消费者法还涵盖了对特定群体（如老年人、儿童）的额外保护，主要考虑到这些群体可能更容易受到市场滥用的影响。
>
> 　　消费者权益保护措施不仅有助于保护消费者，还有助于维护整个市场体系的公正性。公平的市场交易能增强消费者信心，促进经济健康发展。通过实施这些措施，可以促进企业之间的公平竞争，防止那些采用不公正商业实践的企业获得不正当的市场优势。

　　通过上面的步骤，我们得到了想要的角度的论述，且这段文本是在有资料的前提下生成出来的，其中的学术性和理论性也得以保障。尽管其中还有一些表述和逻辑问题，但是作为撰写这部分内容的参考文本，还是有一定的借鉴意义的。

8.2.3　关键词引导 AI 辅助撰写

　　在撰写正文的过程中，也可以通过关键词来引导 AI 进行辅助，至于关键词，我们可以自己提炼，也可以让 AI 提炼。下面仍然以"消费者权益保护的理论基础"为例演示相关流程。

> **问：**
>
> 请你学习下面的材料内容，并提炼出关于"消费者权益保护"的 10 个关键词。
>
> 材料如下：略。
>
> **答：**
>
> 关于"消费者权益保护"的 10 个关键词提炼如下：
>
> 信息不对称：指消费者与经营者之间在信息掌握上的不平等，常导致消费者处于不利地位。
>
> 公平交易原则：核心目标是确保市场交易的公正性，防止不正当竞争和欺诈。

消费者权利：涵盖安全保障权、知情权、选择权、公平交易权和获得赔偿权等基本权益。

消费者的弱势地位：由于专业知识不足和经济实力较弱等因素，消费者在市场中易受侵害。

政府作用：通过立法、执法和监管保护消费者权益。

消费者组织：通过宣传、教育和维权活动提升消费者权益保护意识和能力。

经济法：消费者权益保护法作为经济法的一部分，利用法律手段调整市场行为。

不正当竞争：指市场中的不公平商业实践，消费者权益保护法旨在对此类行为进行制裁。

产品质量监管：确保商品和服务符合法定标准，保护消费者安全。

市场经济发展：消费者权益保护法旨在通过维护交易公正性来促进市场经济的健康发展。

问：

请结合上面所提炼出的关键信息，继续扮演一名博士在读生，正在撰写行为经济学视角下消费者权益保护的理性与非理性行为的研究——基于实证分析的论文，其中有一节内容要写"消费者权益保护的理论基础"，对于这部分内容，我总结了10个关键词如上，请根据关键词为我撰写这段内容。

答：

在探讨消费者权益保护的理论基础时，从行为经济学的视角出发，我们不仅关注市场的经济动态，而且深入分析消费者在面对市场信息和选择时的行为表现。消费者常因信息不对称和专业知识的不足而处于市场的弱势地位，这种状态下的消费者容易受到经营者的不公平对待，尤其是在涉及安全、信息披露和选择自由等方面。

公平交易原则是消费者权益保护法的核心，旨在确保所有市场参与者都能在一个公正的环境中进行交易，同时抑制不正当竞争和欺诈行为。这一原则的实施不仅提升了市场的透明度，还强化了消费者的知情权和选择权，使他们能够在更明智的基础上做出消费决策。政府与消费者组织在维护消费者权益中扮演着至关重要的角色。政府通过制定并执行相关法律来保护消费者免受不公正的市场行为影响，如通过经济法的调整手段来监管市场，确保产品质量和服务达到法定标准。而消费者组织则通过教育和宣传活动提升消费者的自我保护意识，使他们在面对市场挑战时更加得心应手。

这些理论基础构成了消费者权益保护法的框架，不仅支持法律和政策的制定，也为市场经济的健康发展提供了必要的支持。通过确保交易的公正性和对消费者权益的保护，市场经济能够在相互信任和公平的基础上向前发展，促进整个社会的繁荣。这种多方位的保护机制确保消费者在享受市场带来的利益时，不会因信息不平等或商家的不当行为而遭受不必要的损失。

8.2.4 案例引导 AI 辅助撰写

在学术论文中，有案例介绍会更有说服力，所以在正文的写作过程中，我们要适时为 AI 提供一些典型的案例，让 AI 结合案例把内容表述得更加完整。

我们既可以让 AI 自行检索相应的案例，也可以为它提供更符合实际的案例，然后让 AI 根据案例提供写作背景并进行写作。

问：

请检索和"消费者权益保护的理论基础"有关的案例，通过案例来分析"消费者权益保护的理论基础"。

答：

在探讨消费者权益保护的理论基础时，中国法院的实际案例提供了深刻的见解，展示了法律如何在保护消费者权益方面发挥核心作用。消费者权益保护法律的核心原则包括公平交易、信息对称以及消费者的知情权、选择权以及公平处理的权利。这些原则旨在纠正市场中的不平等关系，尤其是针对信息不对称和经济力量不平等的情况，确保消费者能在更加公正的环境中做出决策。

案例分析揭示了在具体法律实践中，如何应用这些原则来保护消费者的合法权益。例如，在杜某某与某文化传播公司的网络服务合同纠纷中，虽然双方未签署书面合同，但杜某某的权利得到了法院的支持，法院的判决强调了即使在非正式合同的情况下，消费者的权益也应得到保护，尤其是在服务未正式提供前，消费者有权要求退还已支付的款项。这体现了消费者权益保护法在实际操作中对公平交易原则的坚持和消费者知情权的保障。

> 另一案例，李某和景某与某影楼的承揽合同纠纷中，法院支持消费者解除合同的权利，尤其是在消费者因经济压力提出合理要求时。这不仅展示了消费者在合同关系中的权利，也反映了法律对消费者在不平等信息和压力环境中的特别保护。
>
> 这些案例反映出，消费者权益保护法的理论基础并非僵化的法律条文，而是一种灵活应用的法律实践，旨在实现市场交易的公正性和消费者权益的实际保护。通过这种方式，法律不仅提供了对消费者权益的直接保护，还通过促进公平竞争和透明度来维护市场经济的健康发展。这种综合法律保护的实践表明，消费者权益保护是市场经济中不可或缺的一环，对于构建公平、健康的市场环境至关重要。

根据 AI 生成的内容，可以把这部分作为参考文本和上面的纯理论进行结合，再编辑成我们需要的内容。

8.2.5　AI 辅助正文写作提示词汇总

在 AI 辅助写作的过程中需要和 AI 进行对话，让 AI 理解我们的想法和意图就需要使用各种提示性的词语，让 AI 更好地为我们服务。下面本书会根据正文写作过程中可能会使用到的命令来提供相应的提示性词语。

1. 总结材料内容

为了增强论文的学术性，我们在撰写过程中会参考各种资料，理解各种相关文献中的内容，因而在使用 AI 辅助的过程中，就会用到总结材料的内容，对此可以使用以下提示词。

请结合下面的材料，总结材料所研究的内容。

请记住我所提供的材料，并在后文的生成过程中在恰当的位置使用这部分资料的内容。

请解读这部分材料，提取材料中相应的关键词。

作为学术研究专家，请阅读并总结研究论文的核心内容，使其令非专业读者也易于理解。

……

2. 扩写、改写和缩写相关内容

我们在撰写学术论文的过程中，针对找到的材料进行适当的扩写或者缩写是常见需求，这样有助于将材料更好地融入文章的整体结构和论证中。在这一过程中，AI 同样可以通过触发相应的提示语为我们进行辅助。例如：

请充分解读上述材料，并为我概括一段文本／一句话。

请将上述材料在不改变其研究结果的情况下，扩写至 300/500……字。

作为学术研究专家，请结合上述材料，将其整合为一小段内容，仅需提供主旨即可。

……

3. 学术性名词的解释

对于学术中一些专有名词，AI 辅助可以更好地为我们解答相关词语的意思。下面提供一些问答以供参考。

请解释以下学术用语的含义。

如果你是一名某专业领域的专家，请你向公众解释一下某个词语的意思。

……

4. 不同段落的文本的相互融合

在论文写作过程中，我们可能经常会遇到将两段或几段文本内容融合到一段中去说明的情况。这时候，我们可以向 AI 提问，AI 可以很好地将两段内容融合一起。

请你深刻理解上述两段文本，并将其融合为一段。

下面的几段文本都在讲解某个词语，请将其吸收后，解释某个词语的含义。

……

对于 AI 相关的提示词用法还有很多，涉及格式转换、信息抽取、句子生成等内容，我们在 AI 辅助的过程中会经常遇到，在需要执行一些常规操作时，我们可以通过微调问题，找到最符合要求的答案。

【第9章】
结语的写作

到了结语的部分,也就说明论文写作快要结束了。结语部分在论文中具有至关重要的作用,它不仅总结了全文的核心发现和论点,还强调了研究的理论和实践意义,为未来的研究方向提供了指引。所以说这部分内容应该紧扣我们的研究问题和论文写作的目的,展示研究结果如何回应了最初的研究设问。这部分内容同样可以用 AI 来进行辅助。

9.1 结语是什么

结语，是正文写作结束之后，集中总结研究的过程，目的是确保论文在结构上的完整性和逻辑性的闭环，让读者清晰地理解研究的核心贡献和价值。它的形式是多种多样的，因此我们可以根据论文的需要采用不同的类型。

9.1.1 总结性的结语

总结性结语的核心在于其简洁性和直接性。它的主要功能是回顾整个研究过程中最核心的问题，并概括出论文的主要论点和成果。这种结语通过清晰地呈现研究的关键发现，使读者能够迅速且准确地理解研究的主要贡献。

在撰写总结性结语时，我们一般会集中在以下几个要点：首先是明确指出研究的主题和核心问题，这是整个论文的出发点和焦点。其次是概述研究过程中的关键发现，这些发现是对核心问题的直接回应。最后是总结性结语应突出研究结果的意义，解释这些成果为现有的知识体系带来了什么新的见解或推动了实践的哪些改进。

9.1.2 反思性的结语

反思性结语为论文提供了一个更深层次的维度，它不仅仅满足于总结研究成果，而是进一步探讨了在研究过程中遭遇的各种挑战和局限。这种结语通过坦诚地讨论研究的不足，实际上增强了整个论文的透明度和可信度。

在这部分结语中，应详细描述在数据收集、分析方法或理论框架方面可能遇到的问题，比如样本量的限制、实验条件的不可控因素或理论应用的局限性。另外，反思性的结语还经常包含对未来研究的建议，这些建议主要是基于当前研究的不足和已观察到的趋势。这种前瞻性的思考不仅为同领域的其他研究人员提供了可能的研究方向，也加深了读者对该研究领域未来发展的理解。

9.1.3 前瞻性的结语

前瞻性结语就像是在论文的旅程结束时投向未来的一束光。这种结语不仅仅是对已完成研究的回顾总结，更是一个积极向前看的结束，它探索了研究成果可能开启的新路径和应用。

在撰写前瞻性的结语时，我们会基于当前的研究成果，提出一些激动人心的新问题或进一步研究的方向。这些提议往往基于研究中未完全解决的问题或新发现的现象，提示着有待探索的领域。假如我们的研究揭示了某些意外的结果，前瞻性结语就会指出这些结果可能会影响未来的理论发展或实际操作。

前瞻性结语也常常探讨研究结果的潜在实用价值，以及如何将理论应用于实际，从而推动技术创新或政策改革。这种结语能够激发行业专家或政策制定者对新知识的兴趣和应用的好奇心。

9.1.4 综合性的结语

对于论文而言，综合性的结语巧妙地融合了总结、反思和前瞻性的思考，为读者提供了一个全面的视角来评价和理解我们研究的深度和广度。这种结语的目的是确保论文不仅能在展示研究成果上有所成就，还可以在批判性的分析和未来方向的指引上有所贡献。

综合性的结语开头会写到对论文核心内容的精练总结，从而加深读者对研究主体和结果的理解，然后深入到研究中的局限性和可能出现的问题，通过这种批判性的反思评估方式来增加论文的透明度，最后再展望未来，提出在现有的研究成果之上的研究问题，同时探讨这些发现如何转化成实际的应用或者进一步的研究。

9.2 AI 写结语

下面仍以前面的论文"行为经济学视角下消费者权益保护的理性与非理性行为的研究——基于实证分析"为例介绍如何使用 AI 辅助我们写结语。

9.2.1 AI 写总结性的结语

总结性的结语因为象征的作用比较强,但是实用性比较弱,简单来说就是对前面的研究过程和研究观点的概括性介绍,所以说让 AI 来写总结性的结语的提问也是比较简单的,按照常规模式来提问就可以了。

> **问:**
> 我是一名博士在读生,正在撰写"行为经济学视角下消费者权益保护的理性与非理性行为的研究——基于实证分析"的论文,现在写到论文的最后,请你帮我撰写一段总结性的结语,重点概括前面的研究过程和研究观点,并且阐述这个研究的意义和价值。
>
> **答:**
> 我为你撰写的总结性的结语如下:
> 在本论文中,我们从行为经济学的视角出发,探讨了消费者权益保护中的理性与非理性行为。通过对广泛数据的实证分析,本研究揭示了消费者在面对市场和政策影响时的行为模式,以及这些行为如何影响消费者权益的维护。
> 研究显示,虽然消费者在某些情况下表现出高度的理性行为,如有效利用信息和资源做出经济决策,但在其他情况下,非理性因素如情绪影响、认知偏差也显著影响其决策过程。这种行为的双重性不仅展示了消费者保护政策制定的复杂性,也反映了行为经济学在解读消费者行为中的重要价值。
> 本研究的意义在于,它不仅丰富了行为经济学在消费者权益保护领域的应用,还为政策制定者提供了新的视角和工具。通过理解消费者行为的这一复杂性,政策制定者可以更精确地设计针对性措施,从而更有效地维护消费者权益,促进市场的健康发展。
> 总之,这项研究强调了理性与非理性因素在消费者决策中的共存,并探讨了

> 如何通过具体的政策工具来应对这些挑战，从而保护消费者权益，推动经济和社会的持续进步。

对于总结性的结语写作，AI 工具基本具备条件，在框架上是基本正确的，而在实际应用中，如果我们向 AI 提供一些前面所研究的数据和结果，可能会有更好的效果。

9.2.2 AI 写反思性的结语

反思性结语实际上就是在总结性的结语基础上加上了研究过程中的各种挑战和局限性，所以在 AI 辅助写反思性的结语时，可以向 AI 提问，让它增加介绍研究不足之处的部分。

> **问：**
> 我是一名博士在读生，正在撰写"行为经济学视角下消费者权益保护的理性与非理性行为的研究——基于实证分析"的论文，现在写到论文的最后，请你帮我撰写一段反思性的结语，重点来写通过前面研究过程和研究观点来找到不足和局限性。
>
> **答：**
> 在本论文中，通过行为经济学视角探讨消费者权益保护中的理性与非理性行为，研究揭示了消费者在决策过程中的复杂性和多样性。这项研究的意义在于，它扩展了对消费者权益保护政策中人类行为理论的应用，并且强调了在制定政策时考虑消费者行为的非理性因素的重要性。这有助于政策制定者设计更为精准和有效的策略，以应对消费者权益保护中的实际挑战。
>
> 尽管研究取得了上述成果，但在过程中也暴露出一些局限性。样本的代表性和数据的局限可能影响结果的普遍适用性，文化、经济和社会因素的多样性在当前的研究中未获充分探讨。此外，行为经济学理论的一些基本假设可能也限制了研究视角，如理性与非理性的划分过于简化了消费者决策的复杂性。

本研究主要依靠定量数据分析，虽然揭示了广泛的行为趋势，但对消费者行为背后的心理机制解释不足。未来的研究可以通过整合定性方法，比如深度访谈和案例研究，来丰富对消费者行为动机的理解。

通过这些反思，本研究强调了未来研究中采用多样化方法和批判性地审视理论假设的重要性，这将促进对消费者行为更全面的评价，为制定有效的消费者保护政策提供更加科学的依据。

可以看到，AI 在写反思性的结语时表现不是太好，它并没有分清楚重点要写的内容，因此我们可以在对 AI 的提问中加入一些词语，来引导它写出符合标准的结语。

问：

我是一名博士在读生，正在撰写"行为经济学视角下消费者权益保护的理性与非理性行为的研究——基于实证分析"的论文，现在写到论文的最后，请你帮我撰写一段反思性的结语，请帮我从研究方法、研究对象和研究价值等角度撰写总结，并分别从以上方法中用较少的篇幅来撰写出不足和展望。

答：

本论文从行为经济学的视角探讨了消费者权益保护中的理性与非理性行为，并基于实证数据进行了深入分析。通过研究消费者的决策过程，本文不仅增进了对消费者行为复杂性的理解，也为制定有效的消费者保护政策提供了科学依据。

本研究采用了定量分析方法来处理和分析数据，这种方法能够处理大规模数据集，从而有效揭示普遍存在的行为模式。然而，这种方法在捕捉深层次的行为动机和心理过程方面存在局限，未来的研究可以考虑融合定性研究方法，如访谈或案例分析，以获得更全面的视角。

研究涵盖了广泛的消费者群体，努力确保结果的普遍适用性。但是，样本的选择和多样性仍有待提高，尤其是在不同文化和经济背景下的消费者行为可能表现出显著的差异。未来研究应扩大样本的地理和社会经济范围，以增强研究的广泛适用性和深度。

本文的研究为理解消费者在权益保护中的行为提供了新的视角，并指出在政策制定时需要考虑理性与非理性因素。这对于设计更符合实际需求的消费者权益

> 保护措施具有重要意义。然而，如何将理论研究转化为实际政策，仍然是一个挑战。未来研究需要探讨行为经济学理论在具体政策实施中的应用效果，以推动理论和实践的进一步结合。
>
> 总结来看，本研究扩展了对消费者行为的理解，并提出了对政策制定有益的见解。尽管存在一些方法上和样本选择的不足，但这些都为未来的研究方向提供了有价值的参考，指明了如何通过更综合的研究方法来深化对消费者权益保护策略的理解和优化。

经过提问方式的改变，AI 的回答也基本满足了我们的要求。对于其中某一段，如果我们需要调整，直接进行优化调整即可。

9.2.3 AI 写前瞻性的结语

我们在写前瞻性的结语时，经常会基于当前的研究成果，提出一些新问题或者进一步的研究方向，从而为未来的理论发展奠定基础。因此，我们在用 AI 辅助的时候，可以告诉 AI，让它根据"基于研究中未完全解决的问题或新发现的现象，为未来的理论发展或实际操作提示有待探索的领域"来写总结。

> **问：**
>
> 我是一名博士在读生，正在撰写"行为经济学视角下消费者权益保护的理性与非理性行为的研究——基于实证分析"的论文，现在写到论文的最后，请你帮我撰写结语，并根据研究中未完全解决的问题或者新发现的现象，为未来的理论或者现在的实际操作等方面提示出有待探索的领域。
>
> **答：**
>
> 在本论文中，我们从行为经济学的视角深入探讨了消费者权益保护中的理性与非理性行为，对广泛的实证数据进行了系统分析。本研究揭示了在复杂的市场环境中，消费者如何在理性的经济计算与非理性的心理驱动之间权衡，以及这种权衡如何影响其保护自身权益的行为模式。研究结果表明，非理性因素，如认知

偏差、情绪影响及群体行为，不仅普遍存在，而且在很多情况下对消费者的决策过程有着决定性的影响。这项研究的意义显著，它挑战了传统经济模型中假设的完全理性消费者的观念，提示在制定消费者权益保护政策时需要一个更为全面的视角。通过考虑非理性因素的影响，政策制定者可以更有效地设计出符合真实消费者行为的保护措施，这不仅可以提升政策的实际效果，也能提升消费者的福祉。

尽管如此，本研究也遇到了若干挑战和局限，对于这些问题，未来的研究需进一步探讨。首当其冲的是非理性行为的量化问题。当前的分析工具和方法在处理非理性因素的表达和影响时还存在不足，需要开发更精确的模型来捕捉这些复杂的行为动态。文化因素在消费者行为中的作用也未得到充分研究。不同文化背景下的消费者可能会有不同的非理性行为表现，这需要跨文化的比较研究来进一步验证和理解。此外，未来的研究应更多地探讨非理性因素如何在不同市场条件和政策环境下影响消费者权益保护的效果。例如，研究消费者如何在信息不对称或市场压力下做出决策，以及这些决策如何影响市场的整体健康和消费者保护政策的有效性。

综合而言，本研究通过分析消费者权益保护中的理性与非理性行为，不仅为行为经济学领域提供了新的实证证据，也为制定更为人性化和有效的消费者权益保护政策提供了科学依据。未来研究需要采用更为多元和深入的方法，从理论和应用两个层面，进一步探索非理性因素在经济决策中的角色，为经济学理论和消费者政策提供更深刻的洞见。

9.2.4　AI 写综合性的结语

顾名思义，综合性的结语就是要有结论、有反思还要有前瞻性，所以在用 AI 辅助的时候，综合上面的三种结语提问即可。

> **问：**
> 我是一名博士在读生，正在撰写"行为经济学视角下消费者权益保护的理性与非理性行为的研究——基于实证分析"的论文，现在写到论文的最后，请你帮我撰写一段综合性的结语，请帮我从研究方法、研究对象和研究价值

等角度来撰写，大致模式如下：开头会写到对论文核心内容的精练总结，从而加深读者对研究主体和结果的理解，然后深入到研究中的局限性和可能出现的问题，通过这种批判性的反思评估方式来增加论文的透明度，最后再展望未来，提出在现有的研究成果之上的研究问题，同时探讨这些发现如何转化成实际的应用或者进一步的研究。

答：

在本论文中，我们从行为经济学的角度详细探讨了消费者权益保护中的理性与非理性行为，并通过实证分析方法系统地研究了这些行为如何影响消费者决策。研究结果揭示了消费者在面临市场挑战时，非理性行为如认知偏差和情绪影响在决策过程中的显著作用，同时强调了理性策略在促进消费者权益保护中的重要性。

本研究采用了定量分析方法，结合调查数据和实验结果，对广泛的消费者群体进行了研究。这种方法使我们能够从宏观和微观层面分析消费者行为，提供了一种深入理解消费者决策过程的有效途径。然而，研究的局限性在于样本的地理和文化多样性不足，可能影响了结果的普遍适用性。本研究的价值在于强调了在消费者权益保护政策和实践中考虑非理性因素的重要性。通过理解消费者行为的这一复杂性，政策制定者和市场监管机构可以更精确地设计和实施保护措施，从而更有效地服务于消费者的真实需要。

未来的研究应进一步探讨不同文化和经济背景下消费者非理性行为的差异，以及这些差异如何影响消费者保护政策的效果。此外，随着数字技术的快速发展，研究消费者在数字环境中的行为模式也显得尤为重要。这些研究不仅可以扩展行为经济学的理论基础，还可以为制定更为有效的数字时代消费者权益保护政策提供科学依据。

通过以上示例可以看出，"结语"这一部分内容在一篇论文中扮演着总结的角色，它的质量取决于我们撰写前面内容的质量。因此我们在撰写结语的时候要避免简单地重复前面的内容，而应该注意重新概括和提取前面的观点，展现出我们作为研究者深刻的洞察力，最后还要有一定的启发性，给读者留下一定的空间，进而引发进一步的讨论和研究。

第 10 章

论文写作实操

本章内容，我们将以一篇论文的大致写作流程来提供演示，目的是更好地了解用 AI 辅助写作论文。

想要让 AI 辅助我们在论文写作中最大化发挥作用，我们必须有一个清晰的写作思路，不能让 AI 来领导我们，而是我们应该用自己的思路来引导 AI，使其更好地为我们服务。

按照前文章节的顺序，我们把实操部分分成了以下几部分，可能有些人不理解为什么要把写作正文放在基本末尾的地方，因为我们在 AI 辅助的过程中，准备好了参考文献、研究方法以及数据的收集等，AI 会有一个较为短暂的记忆，这样才能保证我们在后续正文的写作中不跑题，有资料可查，有数据可依托。当然，写作顺序可以根据我们自己的习惯进行调整。

我们以"家庭暴力"和"正当防卫"这一主题为例，结合 AI 辅助来进行下面的步骤。

10.1 题目选定实操

题目的选定，是一篇论文的开始，在这之前，我们要让 AI 扮演一个专业教授导师的角色，让它在辅助我们的时候，所生成的对话更有针对性。上面所提供的例子是"家庭暴力"和"正当防卫"的主题，这部分的主题所涉及的专业为"法学"，所以我们的对话如下。

> **问：**
>
> 我要写一篇论文，请帮我虚构一个法学专业教授导师的身份。
>
> **答：**
>
> 这位虚构的法学专业教授可以被称为孙教授，他是某知名大学法学院的资深教授和博士生导师，专注于民商法研究，尤其擅长合同法和企业法方面的深入研究。孙教授毕业于中国人民大学法学院，并在哈佛大学法学院进修过，拥有丰富的国际视角和学术背景。
>
> 他的研究成果丰富，已在国内外重要法学期刊上发表了多篇高质量论文，并多次参与制定或修订国家级法律法规工作。孙教授也是多个学术组织的活跃成员，并经常受邀在国内外法学会议上发表演讲。
>
> 在教学方面，孙教授以严谨的学术态度和启发式教学法著称，深受学生喜爱。他同时也积极指导学生进行法律实务操作和理论研究，培养了众多法律界的杰出人才。

AI 为我们杜撰了一个法学教授。我们可以继续代入这个身份的背景，并让 AI 确立这个身份如下。

> **问：**
>
> 好的，请你扮演这个角色，角色描述如下：
>
> 他是某知名大学法学院的资深教授和博士生导师，专注于民商法研究，尤其擅长合同法和企业法方面的深入研究。孙教授毕业于中国人民大学法学院，并在

哈佛大学法学院进修过，拥有丰富的国际视角和学术背景。

他的研究成果丰富，已在国内外重要法学期刊上发表了多篇高质量论文，并多次参与制定或修订国家级法律法规工作。孙教授也是多个学术组织的活跃成员，并经常受邀在国内外法学会议上发表演讲。

在教学方面，孙教授以严谨的学术态度和启发式教学法著称，深受学生喜爱。他同时也积极指导学生进行法律实务操作和理论研究，培养了众多法律界的杰出人才。

注意，以上是你的角色，请你代入这个角色之后，再和我对话，回复"我已经代入"。

答：

我已经代入。

在和 AI 对话的某些时候，我们可以适当给 AI 固定回复内容，这样能帮助 AI 更好地扮演这个角色，或者为我们执行相关的命令。等 AI 回复了我们要求它回复的内容之后，我们便可以确认 AI 顺利进入角色了。

AI 固定角色之后，我们就可以让 AI 明确我们所要研究的领域了，让它更好地帮助我们选定选题。

问：

我作为法学专业的研究生，目前所要研究的专业领域是"家庭暴力"和"正当防卫"，请提供相关的基本概述和研究的主题，我还想了解在这个研究方向所需要找到的资源和相关的研究方法。最后，请给我一个建议，在这个领域中，我可以探索什么方面的内容作为我的学术研究。

请你提供给我至少 10 个研究方向。

答：

（1）家庭暴力与正当防卫的基本概述

家庭暴力（Domestic Violence）是指家庭成员间的任何形式的暴力行为，包括身体、心理、经济等多种形式的虐待。这一领域的研究通常关注暴力的成因、影响、预防措施以及受害者的救济方式。

正当防卫（Self-Defense）则涉及在合法辩护下的暴力反抗，特别是在面对直接威胁时的个人保护行为。在家庭暴力的背景下，正当防卫可以成为一个复杂的议题，因为它涉及法律对于自卫行为合法性的解释和界定。

（2）研究主题

家庭暴力的法律定义与类型：分析不同法域如何定义和分类家庭暴力。

正当防卫在家庭暴力案件中的应用：探讨正当防卫法理在家庭暴力情境中的适用性和限制。

文化因素对家庭暴力的影响：研究不同文化背景如何影响家庭暴力的发生率和公众的认知。

家庭暴力的心理影响：考察家庭暴力对受害者及其家庭成员（如子女）的心理健康影响。

预防策略和干预措施：分析有效预防家庭暴力的策略和干预措施。

法律框架和政策的效力分析：评估现有法律和政策在防止家庭暴力方面的效力。

受害者的法律救济：探讨受害者在法律上可获得的救济形式，包括保护令和民事赔偿。

家庭暴力事件中的性别问题：分析家庭暴力如何与性别角色和性别歧视相交织。

对家庭暴力行为者的矫治和重建：研究对施暴者的心理矫治及社会重建策略。

家庭暴力中正当防卫的认定研究：评价家庭暴力的过程中，如何认定为正当防卫。

（3）资源与研究方法

在进行家庭暴力与正当防卫研究时，你将需要：

文献资源：查阅相关法律文献、案例分析、学术期刊文章、政府和非政府组织报告。

实证研究：通过问卷调查、访谈或焦点小组了解受害者和施害者的亲身经历和感受。

定性与定量方法：结合定性研究（如案例研究、叙事分析）和定量研究（如统计分析、回归分析）以获得全面的研究视角。

比较法研究：分析不同国家或地区对家庭暴力和正当防卫的法律处理方式，提出改进建议。

（4）研究建议

在这个领域中，你可以探索技术在预防家庭暴力中的应用，如使用移动应用、在线平台和其他数字工具来帮助受害者获得信息、支持和救济。此外，研究跨文化比较，了解不同社会和文化背景对家庭暴力认识和处理的差异，也是一个值得深入探讨的方向。

如果上面所提供的研究主题中没有我们感兴趣的方向，可以继续向 AI 提问，让它再次提供研究主题。假设我们选定了其中的第 10 条"家庭暴力中正当防卫的认定研究"作为研究方向，这时候就需要向 AI 提问具体化的问题，比如，让它提供和我们主题相关的研究热点、尚未解决的问题以及现在的发展趋势等，来引导它辅助我们确定选题。

问：

我对"家庭暴力中正当防卫的认定"比较感兴趣，我需要了解一下现阶段这个领域中的研究热点和关键的争论点，并为我提供这个领域中尚未解决的一些问题。请提供给我这些方面的信息，并给我提供至少 10 个研究主题。

答：

（1）研究热点

法律标准的界定： 探讨不同法域如何界定正当防卫的条件，尤其是在家庭暴力情景中，何时何种情况下的防卫行为可以被认为是正当的。

心理和情感状态的考量： 研究受害者在长期遭受家庭暴力后的心理和情感状态如何影响他们的防卫行为及法律的评价。

比较法研究： 分析和比较不同国家对于家庭暴力中正当防卫的认定标准，尤其是如何处理过度防卫的情形。

（2）关键争论点

过度防卫与正当防卫的边界： 在何种情况下防卫行为超出了必要的限度，尤其是在连续的家庭暴力背景下。

预防性防卫： 是否允许基于潜在的威胁进行防卫，特别是在预测未来可能遭受的家庭暴力时。

文化和社会背景的影响： 家庭暴力中的正当防卫如何受到特定文化和社会背景的影响，尤其是在不同法律体系中的差异。

（3）尚未解决的问题

法律适用的一致性：在不同地区和法院之间，对于相似情况的正当防卫认定存在差异，需要寻求更高一致性的解决方案。

受害者教育与支持：如何有效地教育和支持受害者认识到何时及如何采取法律认可的防卫措施。

法律制度的适应性：现行法律如何适应快速变化的家庭结构和社会态度，以保护受害者免受家庭暴力。

（4）研究主题建议

法律界定与实际操作的差异：探讨法律上对正当防卫的界定与实际法庭判决中的应用差异。

文化背景对正当防卫认定的影响：研究不同文化背景对家庭暴力中正当防卫认定的影响。

受害者的心理评估模型：开发和验证评估家庭暴力受害者心理状态的模型，以支持正当防卫的判决。

跨国法律比较研究：比较不同国家家庭暴力中正当防卫的法律框架和对其的实际应用。

预防性防卫的合法性探讨：研究在家庭暴力背景下预防性防卫的法律辩护及其限制。

技术在防卫认定中的角色：探讨技术证据如视频监控在确定防卫行为合理性中的作用。

法律干预的时机和方式：研究法律应如何干预，才能帮助受害者在不违反法律的前提下保护自己。

过度防卫的心理和法律后果：分析家庭暴力情景下过度防卫的心理驱动因素及法律后果。

教育和公共政策的角色：评估法律教育和公共政策在改善家庭暴力中正当防卫认定的效果。

家庭暴力中的正当防卫如何认定：评估家庭暴力中的正当防卫以及防卫的条件。

从中可以继续选择一个适合我们的选题，在此以第 10 个选题作为选定方向，确立我们最终的选题方向为：家庭暴力中的正当防卫认定标准研究。

10.2 前言撰写实操

确立了选题方向之后,就要开始撰写前言部分了。前文中讲过前言的 AI 辅助的提问方式,因为我们已经在选题确立之前给定了身份,所以在此直接使用提问方式来撰写前言即可。

> **问:**
>
> 请根据选题"家庭暴力中的正当防卫认定标准研究"来为这篇论文搜集相关背景资料,其中可以包括各种政策性文件、权威的数据和理论等。
>
> **答:**
>
> 在研究"家庭暴力中的正当防卫认定标准"这一主题时,你需要了解中国在这方面的相关法律框架和司法实践。《中华人民共和国反家庭暴力法》是主要的法律依据,它于 2016 年 3 月实施,旨在预防和制止家庭暴力行为,保护家庭成员的合法权益。此外,《中华人民共和国刑法》中也涉及与家庭暴力相关的各种罪名,如故意伤害罪和虐待罪等。
>
> 在《中华人民共和国反家庭暴力法》中,设立了多项具体措施以防治家庭暴力,包括人身安全保护令的规定、公安机关对家庭暴力的处置,以及为受害人提供的法律援助等。法律明确了家庭暴力的定义,包括身体暴力、精神暴力等多种形式,并规定了相关的处罚措施。
>
> 在实际案例中,中国的司法机关已处理多起家庭暴力案件,并在一些案件中考虑了正当防卫的问题。例如,检察机关在案件处理中不仅关注立案和审判,还注重引导侦查和适用法律,确保家庭暴力受害者的权益得到有效保护。
>
> 然而,实际操作中还存在许多挑战。例如,家庭暴力的举证责任往往落在受害者身上,这在一定程度上加大了受害者的困难。法律实践中,家庭暴力案件常常被视为家庭纠纷处理,缺乏必要的法律干预,这种做法有时会导致问题的恶化。
>
> 对于你的研究,建议深入探讨以下几个方面:
>
> 法律框架的完善:探讨如何改进法律框架以更有效地处理家庭暴力案件,特别是在正当防卫的认定上。
>
> 司法实践与案例分析:分析判例,特别是关于正当防卫的认定在家庭暴力案件中的应用。

举证责任的合理分配:研究如何优化举证责任的分配,保护受害者的合法权益。

跨学科方法的应用:结合心理学、社会学等多学科知识,分析家庭暴力的成因及其对受害者和加害者的影响。

有了相关理论研究背景之后,让 AI 工具继续生成相应的前言内容,具体如下。

问:

请基于上面的研究背景,为论文"家庭暴力中的正当防卫认定标准研究"生成前言的研究背景部分,包括以下几点要求:问题阐述、文献回顾、研究必要性、目标、逻辑性等,将我们所写的字数控制在 500 字以内。

答:

家庭暴力是全球性的社会问题,其影响跨越了文化、经济和法律界限。在中国,尽管《中华人民共和国反家庭暴力法》自 2016 年起实施,旨在保护家庭成员免受暴力侵害,但家庭暴力事件仍屡见不鲜。此外,《中华人民共和国刑法》亦涉及家庭暴力相关罪名,如故意伤害罪和虐待罪。然而,正当防卫在家庭暴力背景下的应用和认定,一直是法律实践中的复杂问题。对于家庭暴力中正当防卫的研究主要集中在法律框架的建设、司法解释的一致性以及实际操作中的难题,如举证责任不公等问题。尽管有诸多研究和司法案例,但关于如何在家庭暴力案件中恰当地运用正当防卫依然存在广泛的讨论和不一致的认定。

研究正当防卫在家庭暴力案件中的应用不仅是法律必要,更具有深远的社会意义。通过深入分析,可以为法律实践提供更加明确的指导,减少家庭暴力事件的发生,保护受害者权益,同时也对加害者实行适当的法律制裁。本研究旨在探讨中国家庭暴力案件中正当防卫的法律认定标准,评估现行法律框架的适应性,探索更有效的法律救济和保护措施。通过法律文献的系统分析、判例研究及理论批判,旨在提出法律改革的建议,增强家庭暴力受害者的法律保护,并推动社会对家庭暴力零容忍的态度。

需要注意的是,对于法律名词和法条等,AI 工具并不能完全保证其正确性,我们需要自己去核对正误。之后就开始撰写前言中的重点内容了,在提问中,我们可以给 AI 明确,涉及研究方法的选择以及研究的具体范围和时间地点、对象等。

问:

请基于你所生成的研究背景,在此撰写这篇论文前言中的"重点内容"介绍的部分。

答:

家庭暴力作为一个普遍存在的社会问题,其对个体的心理和身体健康产生深远影响。《中华人民共和国反家庭暴力法》和相关刑法条文提供了基础法律框架,明确了对家庭暴力的定义及防治措施,但家庭暴力中的正当防卫认定仍面临多重挑战。法律文献和实践中关于正当防卫的理论和标准,尤其是必要性原则和防卫过当的界定,在家庭暴力案件中的应用尤为复杂。本研究将系统梳理现行法律中关于家庭暴力和正当防卫的定义、法律责任及其在司法实践中的应用,评估这些法律条文在实际案例中的执行效果。此外,文化差异对正当防卫认定的影响也不容忽视。中国特有的家庭观念和性别角色可能影响家庭暴力的认定和处理,这需要法律专业人士在实践中给予足够重视。本研究还将探讨社会支持系统,包括法律援助、社区服务和警方介入等在家庭暴力防治中的角色和效果,分析这些因素如何影响正当防卫的认定标准,并提出改进建议。

在全球范围内,家庭暴力及其法律处理方式存在显著差异,对比国际上的法律实践,尤其是在正当防卫认定方面的不同处理方式,对于中国的法律改革具有重要的参考价值。本研究将进行国际法律比较,特别关注那些具有先进法律体系和有效家庭暴力防治经验的国家,分析这些国家在家庭暴力案件中如何平衡受害者保护与加害者惩处,以及如何界定正当防卫的法律标准。此外,国际经验借鉴不仅限于法律条文,还包括政策制定、司法操作和社会教育等方面。通过综合分析,本研究旨在提出具体的法律改革建议,包括优化正当防卫的认定程序,明确举证责任分配,以及强化法律对家庭暴力受害者的保护。这些建议不仅有助于提升中国家庭暴力法律的适应性和效果,也能推动社会对家庭暴力的零容忍态度,确保法律公正与人权的充分保障。通过本研究,希望能够为家庭暴力的预防和干预提供有效的法律和政策支持,为建立一个没有家庭暴力的社会贡献力量。

随后,再把研究对象和研究价值部分以同样的方式提问 AI 就可以了。

问:

请基于你所生成的研究背景和重点内容,在此撰写这篇论文前言中的"研究对象"和"研究价值"部分。

答:

(1) 研究对象

本研究聚焦于家庭暴力中的正当防卫认定标准,旨在解析和评估中国现行法律体系内对家庭暴力案件中正当防卫的处理方式及其法律后果。研究对象包括《中华人民共和国反家庭暴力法》和《中华人民共和国刑法》中关于正当防卫的相关法律条文,特别是这些法律如何适用于家庭内部的暴力行为。通过对相关法律条文的深入分析,结合具体的司法案例,本研究旨在揭示现有法律在处理家庭暴力中正当防卫认定时存在的问题与挑战。此外,本研究还将探讨社会文化因素如何影响家庭暴力的法律处理,以及正当防卫概念在不同文化和法律传统中的应用差异。

(2) 研究价值

本研究的价值在于其对家庭暴力法律保护机制的深化理解与批判性分析。首先本,研究能够为法律实践者提供关于如何在家庭暴力案件中恰当应用正当防卫理论的指导,这对于保护受害者权益、确保法律公正实施具有重要意义。其次,本研究的发现有助于推动法律改革,特别是在优化正当防卫的法律标准和处理程序方面,从而更有效地应对家庭暴力问题。再次,通过比较分析和国际经验借鉴,本研究将为中国乃至全球的家庭暴力防治提供政策建议和实践方案,促进国际的法律协调与合作。最后,这项研究旨在提高社会对家庭暴力零容忍态度的认识,通过法律和社会政策的改进,建立一个更加安全和支持的环境,为家庭暴力受害者提供实际和有效的保护。

接下来,只需把前言部分综合一下,就可以得到一个非常不错的前言。但需要注意的是,通过 AI 辅助所生成的前言内容,并不一定完全符合我们的论述条件,因此,在使用时应加上一些自己的内容,使文本逐渐完善。

10.3 文献综述撰写实操

前面已经提到了文献搜集的方法,在此不作赘述,只演示如何通过组织文献撰写文献综述的内容。

这部分内容的撰写需要对搜集到的文献进行整理、归纳和总结,阐明和主题相关的背景、现状以及发展方向,继续阐述资料中的观点对自己的论文写作有什么帮助和启发等。

> **问:**
>
> 在进行"家庭暴力中的正当防卫认定标准研究"论文的文献回顾撰写的时候,我需要创建一个结构化和连贯的框架,请你提供相应的建议,指导我如何根据我的分类有效地组织文献回顾,并且在撰写的过程中如何平衡各种观点,同时加入批判性的分析过程。
>
> **答:**
>
> 在撰写关于"家庭暴力中的正当防卫认定标准研究"的文献回顾时,可以采取以下结构化和批判性的框架来组织文献,确保文献回顾的全面性和深入性:
>
> **(1) 框架构建**
>
> 首先,将相关文献按照不同的主题进行分类。这些分类可以基于:
>
> 法律理论与定义:涉及家庭暴力和正当防卫的基本法律理论、定义及其发展历程。
>
> 案例分析:分析具体案例,探讨法律在实际案件中的应用和解释。
>
> 国际比较:将中国的法律框架与其他国家进行比较,探讨不同法律体系下的处理方式和效果。
>
> 社会文化因素:研究社会文化背景如何影响正当防卫的法律认定。
>
> 改革建议:基于现有研究提出的法律改革或政策建议。
>
> **(2) 平衡各种观点**
>
> 多角度分析:在文献回顾中,应考虑引入多种观点,包括支持现行法律标准的论述以及批评和建议改进的观点。这有助于展示问题的复杂性和争议性。

第一，引用正反两方面的研究，展示不同学者和实践者的见解。

第二，分析不同法律条文在具体案件中应用的异同，探讨其合理性和局限性。

（3）批判性分析

深入探讨与评价：在每个分类下，不仅要总结和描述已有研究，还要进行批判性分析，提出现有研究的不足和潜在的偏见。

第一，评价现有研究的方法论：考查所选文献的研究方法是否充分，数据是否可靠。

第二，讨论文献中未解决的问题和未来研究方向。

第三，根据文献中的发现，评估和推敲法律条文的适用性和公正性。

（4）结构连贯性

逻辑性强化：确保文献回顾的整体结构逻辑清晰，各部分之间能够自然过渡，形成有说服力的论证。

第一，使用主题句和过渡句来引导每一部分，确保阅读的流畅性。

第二，每个部分结尾可以简要总结该部分的核心观点，为下一部分的讨论做铺垫。

通过以上结构和方法，你的文献回顾将能够全面而深入地展现家庭暴力中正当防卫认定标准的研究现状，同时也提供了对现有研究和法律实践的批判性思考。这不仅有助于建立你的论点，也为读者提供了丰富的信息和深刻的洞见。

10.4 理论框架撰写实操

我们只需要把主题给到具体提问方法中，AI 就可以辅助我们搜索相关的理论，一步一步丰富理论框架。

问：

撰写关于"家庭暴力中的正当防卫认定标准研究"的论文时，我需要构建一个有理有据的理论框架，请孙教授指导我如何选择和我的研究问题相关联的理论，特别是在《中华人民共和国刑法》的正当防卫部分。我还需要理解如何整合这些理论形成一个综合性的框架，同时提供一些关键的概念和术语，并加入批判性的分析过程。

答：

在构建关于"家庭暴力中的正当防卫认定标准研究"的理论框架时，需要从多个法理学和实际操作层面出发，整合适用的理论和概念。以下是构建理论框架的步骤和建议：

（1）选择相关理论

应当深入分析《中华人民共和国刑法》中关于正当防卫的条款，理解法律对正当防卫的基本定义和适用条件。《中华人民共和国刑法》通常将正当防卫定义为在紧急情况下为了保护国家、公共利益或者个人、他人的权利不受正在进行的不法侵害，采取的防御行为。分析这些法律条文的同时，关注法律文本如何界定"紧急情况""不法侵害"及"必要限度"。

（2）理论整合

法律比较理论：对比国内外在家庭暴力案件中正当防卫的法律规定和司法解释，识别差异与共性，提高理论框架的广泛适用性和深度。

社会学理论：引入家庭暴力的社会学分析，例如"循环暴力理论"（cycle of violence），以解释家庭暴力的周期性和累进性如何影响正当防卫的认定。

心理学视角：考虑受害者在持续家庭暴力影响下的心理状态，如"受害者综合征"（victim syndrome），评估这些因素在法律上如何影响正当防卫的合理性和必要性。

（3）关键概念和术语定义

确保论文中使用的每一个术语都清晰定义，例如：

不法侵害：指任何违法的、侵犯个体合法权益的行为。

紧急情况：指立即需要采取行动以防止或停止侵害的情形。

必要限度：防卫行为应与侵害行为的性质和危害程度相匹配，不得超出防止侵害所必需的范围。

（4）构建综合性框架

整合上述理论和概念，构建一个包括法律、社会学、心理学维度的综合性理论框架。此框架应能全面解释家庭暴力中正当防卫的多维度问题，提供一个全面分析的结构，涵盖从法律规定到个人心理状态的各个层面。

（5）批判性分析

在构建的理论框架基础上，进行批判性分析，挑战现有法律和理论的不足之处，提出改进的可能性和建议。这种批判性分析将增强论文的深度和学术价值。

根据这个框架，让 AI 继续丰富每个板块即可。下面是第一个板块的示例。

问：

撰写关于"家庭暴力中的正当防卫认定标准研究"的论文时，我需要构建一个有理有据的理论框架。现在有了一部分框架，请你深度去解析一下。

1. 选择相关理论

首先，应当深入分析《中华人民共和国刑法》中关于正当防卫的条款，理解法律对正当防卫的基本定义和适用条件。《中华人民共和国刑法》通常将正当防卫定义为在紧急情况下为了保护国家、公共利益或者个人、他人的权利不受正在进行的不法侵害，采取的防御行为。分析这些法律条文的同时，关注法律文本如何界定"紧急情况""不法侵害"及"必要限度"。

答：

在构建关于"家庭暴力中的正当防卫认定标准研究"的理论框架中，深入解析《中华人民共和国刑法》中关于正当防卫的相关条款是基础。这一部分的目的是确保理解法律条文的确切意图和法律实践中的应用，特别是在处理家庭暴力情境时的复杂性。以下是对这些关键概念的详细解析：

（1）紧急情况

在《中华人民共和国刑法》中，"紧急情况"通常指的是需要立即采取行动以阻止正在进行的或即将进行的不法侵害。在家庭暴力的背景下，紧急情况可能涉及持续的身体或精神伤害。法律认定的难点在于如何界定何种程度的家庭暴力构成了紧急情况，这需要考虑到暴力的频率、严重性及其对受害者即时安全的威胁。

（2）不法侵害

"不法侵害"是指任何违法行为，如身体攻击或严重的威胁，这在家庭环境中可能包括肢体暴力、严重的言语威胁或其他形式的精神虐待。在法律框架中，明确不法侵害的性质和严重程度对于确定是否可以采取正当防卫措施至关重要。法律实践中需要综合考虑侵害的直接性、预见性以及受害者的反应是否合理。

（3）必要限度

"必要限度"涉及正当防卫行为的比例性，即防卫措施应与不法侵害的性质和程度相匹配。在家庭暴力情境中，界定何种防卫行为超出了必要限度尤其复杂，因为长期的虐待可能导致受害者采取更激烈的自卫措施。法律解释通常要求防卫行为不能明显超出必要范围以致造成不相称的伤害。

（4）法律条文与家庭暴力的关系

在解析这些概念时，特别重要的是将它们放入家庭暴力的具体语境中考虑。需要分析的是，法律如何处理家庭内部成员之间的正当防卫案件，特别是在何种情况下，长期受到家庭暴力的受害者的防卫行为可以被认为是合法的。这包括审视法院如何解释和应用这些定义，以及是否需要对现有法律进行修改以更好地保护受害者。

10.5 论文大纲撰写实操

对于论文大纲的撰写，不需要太复杂的过程，只需要将下面的提示词发给 AI 即可。

问：
我是一名研究生，论文题目是：家庭暴力中的正当防卫认定标准研究。
我主要研究的领域是法学领域。现在要求你帮助我撰写论文大纲，要确保大纲符合学术标准，明确合理地组织论文的内容。

答：

第一章：引言

1. 研究背景
①家庭暴力的现状与危害；
②正当防卫在家庭暴力中的重要性。
2. 研究目的
①探讨家庭暴力中正当防卫的认定标准；
②提出完善正当防卫认定标准的建议。
3. 研究意义
①对司法实践的指导意义；
②对受害者权益保护的促进作用。

第二章：家庭暴力的概念与特征

1. 家庭暴力的定义
法律定义与学术定义
2. 家庭暴力的类型
身体暴力、精神暴力、经济暴力等
3. 家庭暴力的特征
长期性、隐蔽性、复杂性

第三章：正当防卫的法律框架

1. 正当防卫的定义
法律条文解读

2. 正当防卫的构成要件

起因条件、时间条件、主观条件、对象条件、限度条件

3. 正当防卫的法律效果

免除刑事责任的条件

第四章：家庭暴力中正当防卫的认定困境

1. 起因条件的认定

家庭暴力的特殊性与起因条件的冲突

2. 时间条件的认定

家庭暴力的持续性与时间条件的矛盾

3. 限度条件的认定

防卫行为的合理性与必要性

第五章：国内外正当防卫认定标准的比较

1. 国外正当防卫认定标准

美国、德国、日本等国家的相关规定

2. 国内正当防卫认定标准

我国现行法律规定与司法实践

3. 比较分析

各国标准的异同与借鉴意义

第六章：完善家庭暴力中正当防卫认定标准的建议

1. 立法建议

完善法律条文，明确正当防卫的适用范围

2. 司法建议

提高司法人员对家庭暴力案件的认知与判断能力

3. 社会建议

加强社会支持体系，提供受害者保护与援助

第七章：结论

1. 研究总结

主要研究发现与结论

2. 研究展望

对未来研究方向的建议

通过这样的结构，我们的论文将能够系统地探讨家庭暴力中正当防卫认定标准的各个方面，同时提供实际的改进建议。这样的大纲不仅有助于指导我们的研究，也有助于读者理解研究的全局视角。我们可以对大纲每部分内容进行细化调整，结合实际对大纲的每个部分进行优化和调整。

问：

作为细节规划专家，我们将其中的二级标题进一步细化下一级标题的内容，使论文的结构更清晰。现在只需扩展第二、三、四章的内容即可。

答：

（1）家庭暴力的法律界定

①家庭暴力的定义与特征

a. 立法概述

b. 社会学与法学视角下的家庭暴力理解

②家庭暴力的类型

a. 身体暴力

b. 精神暴力

c. 经济控制

（2）家庭暴力中正当防卫的特殊性

①防卫时间的延展性

a. 持续性暴力与防卫时机

b. 潜在危险的认定

②防卫对象的多样性

a. 对施暴者本人

b. 对第三方保护（如子女、老人）

③主观意图的特殊考虑

a. 被害人心理状态与防卫意图

b. 防卫过程中的恐惧与反应

（3）家庭暴力中正当防卫的限度条件

①防卫行为的必要性与适度性

a. 防卫手段的选择与合理性

b. 防卫行为的强度与效果分析

　　②超限防卫的认定与后果

　　a. 如何区分正当防卫与防卫过当

　　b. 法院案例分析与裁判标准

（4）家庭暴力背景下正当防卫的法律效果

　　①免除刑事责任的条件特殊考量

　　a. 法律保护的倾斜与优先性

　　b. 判决中的实际操作与司法解释

　　②相关案例分析

　　a. 典型案例中的正当防卫认定

　　b. 不同司法区域的判决差异与影响因素

（5）对正当防卫在家庭暴力案件中的立法完善建议

　　①现行立法不足之处

　　a. 法律条文中的模糊性与局限性

　　b. 社会对家庭暴力认识的法律反应

　　②改善正当防卫认定标准的路径

　　a. 立法建议

　　b. 法律教育与社会普及

对于细化后的大纲，我们在撰写正文的时候可以结合实际情况适当增加或者删减。我们还要注意去掉不合理的章节，继续优化大纲。

10.6 正文撰写实操

正文部分的撰写，就是把前面的研究成果总结整合起来。如上面大纲中的"家庭暴力的定义与特征"中的"家庭暴力的定义"，我们可以向 AI 进行提问。

> **问：**
> 我是一名研究生，论文题目是：家庭暴力中的正当防卫认定标准研究。
> 我主要研究的领域是法学领域。现在要求你帮助我撰写正文部分的内容，要求搜索相关的法学知识和学术文献，为我解释"家庭暴力的定义"，要确保我们的答案是正确的。
>
> **答：**
> "家庭暴力的定义"是理解家庭暴力相关法律问题的基础，也是探讨家庭暴力中正当防卫认定标准的前提。在法学领域，家庭暴力的定义通常涉及对行为性质、发生场所和当事人关系的界定。
>
> (1) 法律条文中的定义
> 在中国，家庭暴力的法律定义可以追溯到《中华人民共和国反家庭暴力法》（2016年施行）。该法第二条明确规定："家庭暴力，是指家庭成员之间以殴打、捆绑、残害、限制人身自由以及经常性谩骂、恐吓等方式实施的身体、精神等侵害行为。"这一法律定义涵盖了多种形式的暴力行为，强调了家庭成员之间的特定关系，并突出暴力行为的侵害性和强制性。
>
> (2) 国际法中的定义
> 国际上，《消除对妇女一切形式歧视公约》（CEDAW）和《贝尔格莱德宣言》等文献也对家庭暴力做1出了定义。联合国《消除对妇女的暴力行为宣言》将家庭暴力定义为"在家庭关系中发生的任何基于性别的暴力行为"，包括身体虐待、性虐待、心理虐待以及经济虐待。
>
> (3) 学术视角下的定义
> 在学术研究中，家庭暴力的定义往往从更广泛的角度进行探讨。研究者通常将其视为一种权力与控制的动态过程，而不仅仅是单一的暴力行为。家庭暴力可以发生在婚姻关系、同居关系、父母与子女之间等多种家庭关系中。学者们还强调，家庭暴力不仅限于肉体上的伤害，还包括心理、经济和性方面的控制与压迫。

（4）家庭暴力定义的法律适用

理解家庭暴力的法律定义对于法律的适用至关重要。在司法实践中，法官需要依靠这些定义来判断某一行为是否构成家庭暴力，进而判断是否可以适用正当防卫的法律标准。特别是在家庭暴力案件中，法院必须详细考察行为的性质、施暴者与受害者之间的关系、暴力行为的频率及其对受害者的影响。

上面 AI 辅助生成的对于"家庭暴力"的定义解释相对来说是比较全面的，但是我们在论文的撰写中可能并不需要国际上的定义，我们需要的是法律上对"家庭暴力"的定义。所以说，我们进一步对 AI 进行范围限定。

问：

请你结合中国相关的法律条文来告诉我"家庭暴力的定义"。

答：

在中国，家庭暴力的法律定义主要来源于《中华人民共和国反家庭暴力法》。根据该法的规定，家庭暴力是指家庭成员之间以暴力或其他手段实施的身体、精神等侵害行为。这一定义反映了法律对家庭暴力行为的基本理解和规范。

具体来说，《中华人民共和国反家庭暴力法》第二条明确规定：

"家庭暴力，是指家庭成员之间以殴打、捆绑、残害、限制人身自由以及经常性谩骂、恐吓等方式实施的身体、精神等侵害行为。"

（1）从该条文中可以看出，家庭暴力包括以下几个关键要素

行为主体：家庭暴力的施暴者和受害者必须是"家庭成员"。这里的"家庭成员"不仅包括配偶、父母、子女，还可能涵盖其他共同生活的亲属或具有抚养、赡养、扶养义务的人员。

行为方式：家庭暴力的实施方式可以是多样的，既包括身体上的暴力行为，如殴打、捆绑、残害、限制人身自由等，也包括精神上的侵害行为，如经常性谩骂、恐吓等。

侵害性质：无论是身体侵害还是精神侵害，这些行为都必须对受害者造成伤害或威胁，且通常具有强制性和持续性。

通过这一法律定义，家庭暴力被明确为一种侵害行为，它不仅违反了法律对

> 人身安全和尊严的保护，同时也对家庭成员间的合法权利构成了侵犯。因此，法律通过明确的定义和条文，为受害者提供了寻求法律保护的依据，并为司法机关在处理家庭暴力案件时提供了清晰的法律框架。这一定义在法律适用过程中至关重要，它不仅为家庭暴力案件的受害者提供了明确的法律救济途径，同时也在司法实践中帮助法官、检察官、律师等法律工作者准确界定和处理相关案件。

正文部分，我们参照上面的模式去撰写就可以，如果不满意 AI 辅助所生成的内容，可以再次让它生成一遍，可以多次调试，最终达到我们的目的即可。

10.7 结语撰写实操

结语部分要包含我们的研究成果、目的、方法和结果等,我们直接向 AI 提问即可。

问:

我的论文"家庭暴力中的正当防卫认定标准研究"已经基本撰写完毕,现在需要你帮我写一个总结性的结语,里面要有我们的研究成果和最终的结果,还要有对未来的展望。

答:

本论文通过对家庭暴力中正当防卫的认定标准进行系统研究,试图在理论和实践的双重维度上为受暴妇女的合法权益保护提供一个更加合理和正义的路径。研究过程中,我们首先明确了家庭暴力的定义及其特殊性,结合相关法律条文和学术理论,深入分析了正当防卫的构成要件,特别是起因条件、时间条件、主观条件和限度条件在家庭暴力背景下的适用问题。

研究表明,在家庭暴力案件中,正当防卫的认定存在着诸多挑战,尤其是在反复性和隐蔽性的家暴情境下,传统正当防卫的标准难以充分保护受暴妇女的合法权益。通过对多个典型案例的梳理,我们发现,在当前的司法实践中,受暴妇女的反抗行为很难被完全认定为正当防卫,更多情况下只能得到从轻或减轻处罚。这种现状反映了现行正当防卫制度在应对家庭暴力案件时的局限性。

在此基础上,本文提出了若干改进建议,如适当提前正当防卫的时间起算点、将严重暴力威胁纳入防卫起因、强化防卫限度条件的合理性考量等。通过这些调整,我们希望能在现有法律框架内,为受暴妇女的反抗行为找到除罪化和轻刑化的有效路径。

展望未来,家庭暴力中的正当防卫认定标准仍需进一步完善。这不仅要求在司法实践中增强对受暴妇女处境的理解和同情,也需要在法律理论上深入研究违法阻却事由的适用标准和条件。借鉴国外的先进理论成果,同时立足于我国刑法体系,不断更新和完善正当防卫制度,是实现良法善治的重要途径。我们期望,通过持续的理论探讨和制度创新,最终能够为受暴妇女提供更为充分的法律保护,使法律真正成为社会正义的捍卫者。

在写作完成之后，还需要针对论文的语言进行检查和修改，包括语法、用词的准确性，以及整体句式风格的一致性。论文润色的主要目的是避免出现语言方面的歧义，同时进一步提升语言的流畅性和科学性。

第3部分

AI 润色与改写

【第 11 章】
论文的润色

AI 时代，我们可以用 AI 工具对论文进行初步的润色和加工，避免书写层面的问题，以此提高论文初稿的规范性。使用 AI 工具进行润色，主要有以下几方面。

11.1 初稿的内容润色

对初稿的润色是非常有必要的,这一过程不仅有助于提升文本的清晰度和连贯性,而且能够确保语言的精确性和适当性。润色阶段允许作者从新的视角审视其作品,识别并改正可能存在的逻辑错误、语法错误和风格不一致之处。此外,通过细致的编辑,还可以加强论点的说服力,优化论文的结构布局,从而使最终稿件更加完善,更能达到预期的效果。在学术领域,这一阶段尤为重要,因为它关系到研究的严谨性和学术质量,润色可以显著提升论文的可读性和学术价值。

下面选择一段文本进行润色演示,原文如下所示。

> 家庭暴力的起因条件具有特殊性。一般正当防卫的起因条件要求存在现实且正在发生的不法侵害,这意味着只有当不法侵害行为已经开始,或即将发生的情况下,受害人才能采取防卫措施。然而,在家庭暴力中,侵害行为往往具有长期性和隐蔽性,暴力可能并不总是表现在身体上的伤害,而是包括精神上的折磨、经济上的控制以及其他形式的非身体暴力。这种长期的、反复的侵害行为,使得受害人在未必能够等待不法侵害的再次发生时才采取防卫措施。因此,在司法实践中如何认定防卫行为的起因条件,成为一个关键问题。许多学者和法官主张,在反复发生的严重家庭暴力中,受害者已经对施暴者的暴力行为有了充分的了解和合理预见,在暴力尚未实际发生时,即便基于合理的判断采取防卫措施,也应当被视为符合正当防卫的起因条件。(这段文字系 AI 直接生成,未经任何修改。)

11.1.1 通过提示词对文本进行润色

我们通过提问,让 AI 来检查一下上面文本的表达方式。

> **问:**
>
> 请你作为一名资深的论文润色专家,仔细阅读下面的文本,提升文本的学术性,请使用正式和专业的词汇,搜索相关文献,支持论证观点,但请避免出现过于主观或者情感化的描述。

请不要改变原文意思,保持原文的结构,且字数相当,最终标注出润色内容,且说明理由。

文本:略

答:

(1) 润色后

家庭暴力的起因条件呈现出显著的特殊性。标准的正当防卫要求涉及存在一个现实而持续进行的不法侵害,意味着仅在不法侵害行为已经启动或将要发生时,受害者方可实施防卫行动。然而,在家庭暴力的背景下,侵害行为往往表现为长期性和隐蔽性,其中暴力不一定仅限于身体伤害,还可能包括心理折磨、经济控制及其他形式的非身体暴力。这种持续且重复的侵害使得受害者难以待不法侵害再次出现后才进行防御。因此,在司法实践中,如何界定防卫行为的合法起因条件成为一个亟待解决的问题。多数学者与法官指出,在反复发生的严重家庭暴力案例中,受害者对施暴者的行为已有充分认知与合理预见,即使在暴力未具体发生前,基于合理判断采取防卫措施亦应认为符合正当防卫的标准。

(2) 润色理由

词汇选择:采用更正式和学术性的词汇(如"标准的正当防卫""现实而持续进行的不法侵害"),提高文本的专业度和准确性。

结构保持:维持原文的逻辑结构和信息顺序,确保润色后的内容与原文意图一致,同时在表达方式上更加精确和规范。

避免主观描述:去除任何可能感受到的情感化语言,如"暴力可能并不总是"改为"暴力不一定仅限于",使得论述更客观、更符合学术文献的语气。

通过对比润色前后的文本发现,润色后的文本使用了"呈现""标准""涉及"等较为专业性的词语,文本的结构和之前并无差异,因此润色后的文本可以为我们提供参考性的建议。

11.1.2　AI 工具保留原意修改

问：

请你作为一名中文学术编辑，将下面的文本，在不改变原意的前提下，进行大程度的改动。要求如下：参考更多的参考文献，提炼更多论证材料，根据文本提炼出一个标题，语言上更有学术性。

文本：略

答：

（1）标题

家庭暴力背景下的正当防卫起因条件研究

（2）改写文本

家庭暴力事件中正当防卫的法理依据及其实践应用呈现出显著的复杂性。标准的正当防卫要求存在一个现实且正在进行的不法侵害。法理上，这意味着只有在不法侵害行为已经启动或即将发生时，受害者才能够合法地采取防卫措施。然而，在家庭暴力的情境下，侵害行为不仅持续性强，且多具隐蔽性，其中暴力的表现形式多样，不限于身体伤害，还可能包括心理折磨、经济控制以及其他形式的精神和情感暴力。依据 Schneider（2001）的研究，家庭暴力的长期性和复杂性常常导致受害者在遭受连续侵害后，较难在法律允许的范围内及时做出反应。因此，在司法实践中如何恰当认定正当防卫的起因条件尤显关键。学界普遍认为，在反复发生的家庭暴力案例中，受害者对施暴者的行为模式已形成充分了解和合理预见（Johnson，2005）。即便在具体暴力行为未实际再次发生之前，基于这种预见性，受害者的预防性防卫行为仍应被视为正当（Goldman，2007）。此外，法学研究强调，正当防卫的合法性应考虑受害者的主观感受和客观环境的紧迫性（Peters，2010）。家庭暴力情境中的防卫行为，尤其在法律框架内需灵活审视，以实现对受害者权益的最大保护。因此，推动对现行正当防卫法律规定的重新评估和修订，以更好地适应家庭暴力这一特殊情形的需求，已成为法律改革的重要议题。

（3）引用文献

Schneider E M. (2001). Battered Women and Feminist Lawmaking. Yale University Press.

Johnson M P. (2005). Domestic Violence: It's Complicated. Journal of Marriage and Family.

> Goldman L. (2007). Self-Defense and Relationships: The Intricacies of Domestic Violence. California Law Review.
> Peters T. (2010). Justification and Excuse: Reassessing Self-Defense in Domestic Violence Cases. Harvard Journal of Law & Gender.

需要注意的是，我们需要核实生成文献的真实性。因为 AI 生成的文献可能是错误的，所以我们在使用 AI 工具的时候，要有判断正误的能力，不要让 AI 误导我们。就上面的文本而言，AI 的据意改写相对来说是比较成功的，可以为我们提供更多具有创意性的参考内容。

11.1.3　使用文心一言的插件来进行润色

AI 工具的内部基本都会集成一些插件，其可以对我们文本进行润色。文心一言同样具有润色功能，我们只需点击界面左侧工具栏中的"百宝箱"（图 11—1）即可使用该功能。

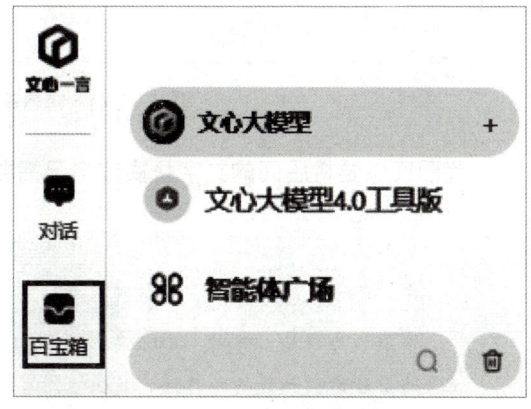

图 11—1 文心一言的"百宝箱"功能

在弹出的"一言百宝箱"中，选择"职业"功能模块，在里面找到"论文内容润色"，如图 11—2 所示。

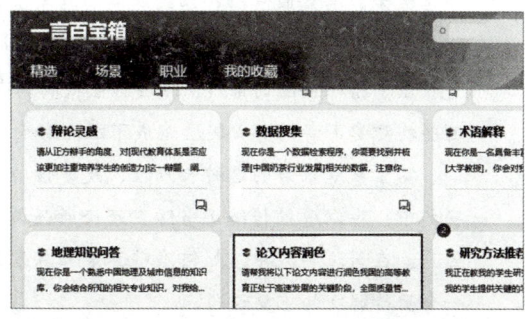

图 11—2 文心一言中的"一言百宝箱"

在点击"论文内容润色"选项后,就会回到"文心一言"的对话框页面,其中会出现如图11—3所示的指令。

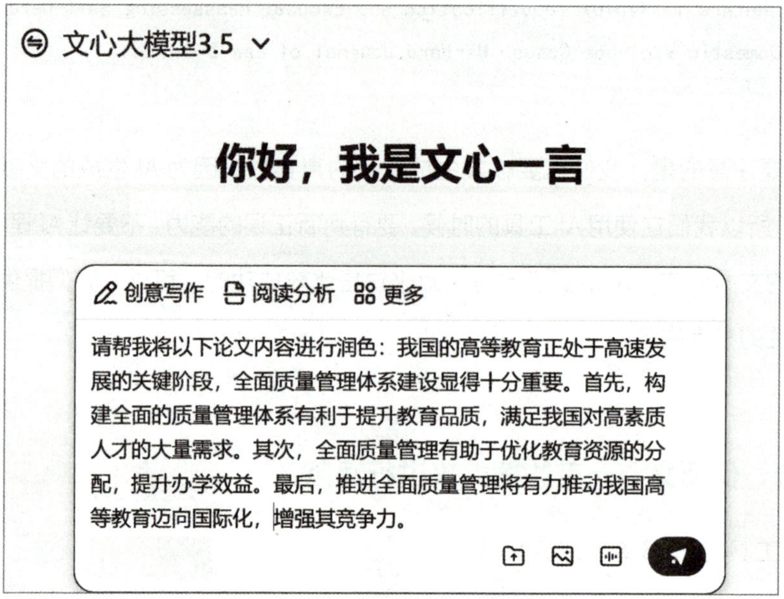

图11—3 文心一言内容润色的界面

我们只需要将后面的文字替换成自己需要的文本即可。

> **答:**
> 　　家庭暴力现象的根源与触发条件展现出其独特的复杂性,这显著区别于传统正当防卫理论所预设的即时性、显在性侵害情境。正当防卫的常规逻辑基石在于,要求存在明确且即时的非法侵害行为,唯有当此类侵害已然启动或迫在眉睫时,受害方才能够采取防御行动。然而,在家庭暴力的语境下,侵害行为往往跨越时间的界限,呈现出持久性与隐蔽性的双重特征。其表现形式亦不拘泥于物理伤害,更涵盖了精神层面的摧残、经济自主权的剥夺,以及多种形式的非直接身体暴力,这些均对受害者的身心健康造成了深远影响。
> 　　鉴于家庭暴力的这种长期性、反复性特点,受害者往往处于持续的威胁与不安之中,难以遵循传统正当防卫理论所强调的"即时性"原则来规划防御行动。因此,在司法实践中,如何准确界定家庭暴力情境下防卫行为的合理起因,成为一个亟待解决的重要议题。

众多学者与司法界人士提出，对于频繁且严重的家庭暴力案件，应当认识到受害者对施暴者行为模式的高度认知与合理预见能力。在此前提下，即便暴力行为尚未以直观的形式再次爆发，受害者基于对自身安全的合理担忧与预判，所采取的预防性或即时性防卫措施，亦应被视为符合正当防卫的核心理念，即保护个人免受不法侵害的正当权利。这一观点强调了对受害者主观认知状态的尊重与考量，旨在更加全面、公正地评估家庭暴力背景下的防卫行为，从而更有效地保障受害者的合法权益。

11.1.4 通过专门的润色工具进行润色

在 AI 高速发展的时代，涌现出多种 AI 润色工具，如爱校对、火山写作等，我们可以根据自己的需要选择相应的工具进行润色。本书不对其他工具做详细介绍，因为专门的润色工具的操作过程也十分简单，只需把文本放到相应的工具中，再点击"润色"即可，在此仅展示通过专门润色工具润色的文本。

> **润色后的文本**
>
> 家庭暴力的起因条件展现出明显的特殊性。标准的正当防卫要求存在正在进行或即将发生的不法侵害，这意味着受害人仅在侵害行为开始或预期将要发生时方可采取防卫行动。然而，家庭暴力的侵害行为通常具有持续性和隐蔽性特点，暴力行为不限于身体伤害，还可能包括心理虐待、经济控制以及其他非物理形式的暴力。这种持续且周期性的侵害使得受害者无法仅在侵害即将再次发生时再进行防卫。司法实践中，如何界定防卫行为的合法起因条件显得尤为关键。许多法学学者及法官认为，在经历反复严重的家庭暴力后，受害者对施暴者的暴力行为已形成充分认识和合理预见。基于此种预见，在实际暴力发生前，受害者基于合理判断采取的防卫措施，应当认定为满足正当防卫的起因条件。

11.2 初稿的审校

论文的审校即通过 AI 工具检查文本中可能存在的错误,并提供修订的建议。

问:

请你作为一位资深文本校对员,仔细阅读下面的文本,找出其中的语法、拼写、标点或格式错误,以确保文本的连贯性。在找出错误后,请提出修订建议。

文本:略

答:

审阅了提供的文本后,以下是发现的一些语法和标点错误,以及我的修订建议:

(1) 长句拆分与标点使用

原文:这意味着只有当不法侵害行为已经开始,或即将发生的情况下,受害人才能采取防卫措施。

建议修订:这意味着只有在不法侵害行为已经开始,或即将发生的情况下,受害人才能采取防卫措施。(增加"在",使句子更流畅)

(2) 语法和用词调整

原文:暴力可能并不总是表现在身体上的伤害,而是包括精神上的折磨、经济上的控制以及其他形式的非身体暴力。

建议修订:暴力表现形式不限于身体上的伤害,还可能包括精神上的折磨、经济控制以及其他非身体形式的暴力。(优化语句结构和用词)

(3) 句子结构简化

原文:这种长期的、反复的侵害行为,使得受害人在未必能够等待不法侵害的再次发生时才采取防卫措施。

建议修订:这种长期且反复的侵害行为,使得受害人无法总是等待不法侵害再次发生才采取防卫措施。(简化和明确表述)

（4）连贯性和逻辑结构

原文：因此，在司法实践中如何认定防卫行为的起因条件，成为一个关键问题。

建议修订：因此，如何在司法实践中认定防卫行为的起因条件，成为一个关键问题。（调整语序以增强语句的逻辑性）

（5）句末标点符号调整

原文缺少结束标点。

建议修订：在段落最后添加适当的句号。

改进后的文本

家庭暴力的起因条件具有特殊性。一般正当防卫的起因条件要求存在正在进行或即将发生的不法侵害，这意味着只有在不法侵害行为已经开始，或即将发生的情况下，受害人才能采取防卫措施。然而，在家庭暴力中，侵害行为通常具有长期性和隐蔽性，暴力表现形式不限于身体上的伤害，还可能包括精神上的折磨、经济控制以及其他非身体形式的暴力。这种长期且反复的侵害行为，使得受害人无法总是等待不法侵害再次发生才采取防卫措施。因此，如何在司法实践中认定防卫行为的起因条件，成为一个关键问题。许多学者和法官主张，在反复发生的严重家庭暴力中，受害者已经对施暴者的暴力行为有了充分的了解和合理预见。在暴力尚未实际发生时，即便基于合理的判断采取防卫措施，也应当被视为符合正当防卫的起因条件。

从上面可以看到，AI 工具对文本的检查校对是较为细致的，因此我们可以找到适合使用 AI 工具进行校对的场景，合理使用即可。

【第 12 章】
论文的科学化改写

科学化改写涉及将现有文本通过精确、清晰、严谨的语言风格进行重新编写，以提升其学术性和专业性。简单来说，就是通过整理文稿，使其符合最终的学术要求。

12.1 什么是科学化改写

在写作过程中，我们不可避免地会参考一些前人的研究资料和相关理论，因此就会涉及一个重复率的问题，而重复率是检测论文是否抄袭的必要手段。一篇优秀的论文，应该尽可能地保证重复率低，以此证明它的独立性和原创性。

我们应该自觉遵守学术诚信和道德规范，保证自己论文的独立性和原创性。所以，我们要学会科学化改写。科学化改写的关键在于合理地整合和创新思考，因此我们在撰写论文的过程中，应注重挖掘引用文献的深层次含义，并且结合自己的研究视角，提出新的观点和改进的方法。

12.2 AI 科学化改写的原理

科学化改写是一个非常困难的过程，加之现在人工智能大模型的涌现，基于 AI 所生成的内容也在各个领域激烈增长，所以对于文本来说，也出现了一些如版权、法律和伦理方面的新问题。为了应对这些问题，重复率检测，AI 方面的查重等措施相继出现，如中国知网中现在就有 AI 查重的相关服务，如果内容一旦被 AI 标记，那么我们的论文将被冠上"AI 所写"的帽子。

在写论文的过程中，假如我们需要使用 AI 所生成的部分内容，或者使用 AI 改进原创内容，那么是否会出现 AI 率呢？对于部分内容，又该如何来降低 AI 率呢？这就需要我们了解 AI 工具的工作原理。

12.2.1 文字接龙游戏

对于 AI 来说，它的工作核心就是一个复杂的"文字接龙"游戏的模型。这个模型接收一段文本作为输入，预测并且生成接下来的词或者短语。这个过程涉及复杂的算法，它评估每个可能的词语在给定的上下文中的概率，最终选择最合适的词语来继续下面的文本，这就像是在不断地猜测下一步棋局。

AI 的参数非常多，这使它能理解和生成多样化的语言结构，而且这些参数在模型的训练过程中可以不断调整，从而能够更好地捕捉语言的复杂性和细微之处的差别。

在训练过程中，AI 就像是一个学生在图书馆读书，它把能搜集到的各种信息全部吸收，然后再进行前面所说的"文字接龙"游戏的时候，就可以非常清楚和准确地接龙了，这个过程可以称为"训练"，如果经过一段时间的训练之后，AI 可以不依靠上网搜集信息来回答问题，那么它就是依靠自己的数据库来玩这个游戏。所以说，训练的过程其实就是学习和积累的过程，而测试的阶段就是最后实战演练的阶段。

12.2.2 什么是预训练

预训练就好比给 AI 做一个全面的基础训练营。比如，我们在准备特殊任务之前，要在一个超大的训练场里进行基础训练，来学习识别各种形状、声音或文字。这个过程就是预训练，它能帮助 AI 在一个超大的数据集上学习到很多通用的知识和技能。

然后，当 AI 需要完成一个特定的任务时，如识别特定的图片或理解某种特定的语言，它就可以利用之前的训练经验进行"微调"，即针对这个特定任务调整和优化。这可以使 AI 站在巨人的肩膀上，不需要从零开始学习每一个新任务，它可以利用已有的知识更快更好地完成学习。

12.3 如何实现科学化改写

在简单了解了 AI 的工作模式和流程之后,如何实现科学化改写论文呢?下面以两种方式为例进行介绍。

12.3.1 降低重复率

首先,仍给 AI 一个身份设定。对于降低重复率的文稿来说,给 AI 设定的身份就是语言重构的专家,其所擅长的就是用新的词语和表达方式重新描述给定的文本内容。

> **问:**
>
> 请你作为一个语言重构的专家,你所擅长的是用新的词语和表述方法来改进内容,请你识别并替换文本中常见的词语和表达方式,使用同义词和不同的句式结构对原文进行重新表述,我们的要求如下:保持原文的核心意思不改变,同时确保流畅性和准确性。
>
> 需要修改的文本如下
>
> 家庭暴力的起因条件具有特殊性。一般正当防卫的起因条件要求存在正在进行或即将发生的不法侵害,这意味着只有在不法侵害行为已经开始,或即将发生的情况下,受害人才能采取防卫措施。然而,在家庭暴力中,侵害行为通常具有长期性和隐蔽性,暴力表现形式不限于身体上的伤害,还可能包括精神上的折磨、经济控制以及其他非身体形式的暴力。这种长期且反复的侵害行为,使得受害人无法总是等待不法侵害再次发生才采取防卫措施。因此,如何在司法实践中认定防卫行为的起因条件,成为一个关键问题。许多学者和法官主张,在反复发生的严重家庭暴力中,受害者已经对施暴者的暴力行为有了充分的了解和合理预见。在暴力尚未实际发生时,即便基于合理的判断采取防卫措施,也应当被视为符合正当防卫的起因条件。
>
> **答:**
>
> 家庭暴力的诱因通常具有独特性。标准的正当防卫条件要求存在正在发生或即将到来的非法侵害,这意味着受害者只能在非法行为已经启动或准备发生时采

> 取防御行动。然而，家庭暴力的侵犯行为往往是长期和隐秘的，暴力不仅限于身体伤害，还可能涵盖精神虐待、经济束缚以及其他形式的非实体暴力。这种持续且反复的侵犯行为导致受害者无法总是在侵害重新发生时才开始防卫。因此，在法律实践中如何确定防卫的诱因成了一个关键的议题。众多法学专家和法官认为，在反复遭受严重家庭暴力的情况下，受害者对施暴者的暴力行为已形成充分的认知和合理的预判。因此，即使在暴力尚未真正发生前，基于合理的判断采取的防卫行动，也应认为符合正当防卫的条件。

通过对比可以看到，AI 工具对上面的文字进行了"降低重复率"的工作，在经过优化后，我们便可以使用这段文字了。

12.3.2 降低 AI 率

AI 率的检测，其工作流程是将文本放到数据库中，通过检测字和字之间的联系，长短句的格式、结构等，来检测其是否为 AI 生成的文字。因此，我们了解了 AI 的工作流程之后，就可以找到使用 AI 降低 AI 率的方法。

首先，需要分析 AI 所生成文字的语言风格，现以上面所生成的一段文字为例。

> **问：**
> 这是改写之前的文稿："家庭暴力的诱因通常具有独特性。标准的正当防卫条件要求存在正在发生或即将到来的非法侵害，这意味着受害者只能在非法行为已经启动或准备发生时采取防御行动。然而，家庭暴力的侵犯行为往往是长期和隐秘的，暴力不仅限于身体伤害，还可能涵盖精神虐待、经济束缚以及其他形式的非实体暴力。这种持续且反复的侵犯行为导致受害者无法总是在侵害重新发生时才开始防卫。因此，在法律实践中如何确定防卫的诱因成了一个关键的议题。众多法学专家和法官认为，在反复遭受严重家庭暴力的情况下，受害者对施暴者的暴力行为已形成充分的认知和合理的预判。因此，即使在暴力尚未真正发生前，基于合理的判断采取的防卫行动，也应认为符合正当防卫的条件。"

请分析上述文稿的句式结构和字词使用。

答：

在上述文稿中，句式结构和字词使用主要体现了严谨和专业的法律语言特点。以下是具体的分析：

（1）句式结构

文稿使用了复合句和并列句结构，适合于展开复杂的法律概念和论证。

长句和从句的运用有助于详尽地描述情况和逻辑，例如："标准的正当防卫条件要求存在正在发生或即将到来的非法侵害，这意味着受害者只能在非法行为已经启动或准备发生时采取防御行动。"这句话通过设置条件和结果的关系来清晰表述正当防卫的法律标准。

使用因果连接词如"因此"，有效地连接了事实描述和结论性判断，增强了论证的连贯性。

（2）字词使用

专业词语的使用突出，如"正当防卫""非法侵害""精神虐待""经济束缚"，这些词语准确表述了法律和心理学的概念。

抽象和具体词语的平衡使用，例如"独特性"（抽象）与"长期和隐秘"（具体），帮助读者从宏观和微观层面理解家庭暴力的特点。

动词使用准确，如"采取防御行动""形成充分的认知和合理的预判"，这些动词描述了受害者的心理和行为反应。

之后，需要提供给 AI 一段没有 AI 率且润色好的文字，如下。

问：

这是改写后的文稿：

"家庭暴力的诱因往往有其独特之处。标准的正当防卫规则指出，需要有正在发生或迫在眉睫的非法侵害，这意味着受害者通常得在侵害已启动或即将发生时才能防卫。但家庭暴力的特点在于它的长期性和隐蔽性，它不仅限于身体的伤痛，还可能涉及精神折磨、经济控制等非直接的身体暴力形式。这种持续不断的侵害，让受害者难以总是在侵害再次发生时才开始保护自己。

法律界面临一个重要挑战：如何界定防卫的触发点。众多法学界专家和法官指出，对于那些长期遭受严重家庭暴力的受害者来说，他们对施暴者的行为已经有了深刻的认识和预判。因此,即便在暴力尚未实际降临之际,受害者基于合理预判所采取的防卫措施,也应视为满足正当防卫的条件。"

分析比对文稿的改写方式,句式结构,字词使用,并记忆这种改写方式,记作"改写一"。

答:

分析比对改写前后的文稿,我们可以从改写方式、句式结构、字词使用三个方面进行详细探讨,并记忆这种改写方式为"改写一"。

(1) 改写方式

"改写一"主要采用了以下改写方式:

语言风格的调整:改写后的文稿语言更加流畅自然,减少了原文中的正式和书面化用语,使得读者更容易理解和接受。

表述方式的简化:改写时,作者将原文中的一些复杂表述进行了简化,例如将"标准的正当防卫条件要求存在正在发生或即将到来的非法侵害"简化为"标准的正当防卫规则指出,需要有正在发生或迫在眉睫的非法侵害"。

句子结构的调整:改写后的文稿在句子结构上进行了调整,使得句子更加紧凑,逻辑更加清晰。

(2) 句式结构

在句式结构上,"改写一"主要进行了以下调整:

长句变短句:改写后的文稿将原文中的一些长句拆分成了短句,使得句子更加简洁明了。例如,将原文中的"这种持续且反复的侵犯行为导致受害者无法总是在侵害重新发生时才开始防卫"改写为"这种持续不断的侵害,让受害者难以总是在侵害再次发生时才开始保护自己"。

使用并列结构:改写后的文稿更多地使用了并列结构来连接句子,使得句子之间的逻辑关系更加清晰。例如,"它不仅限于身体的伤痛,还可能涉及精神折磨、经济控制等非直接的身体暴力形式"这一句中,通过"不仅……还……"的并列结构,清晰地表达了家庭暴力的多种表现形式。

(3) 字词使用

在字词使用上,"改写一"主要进行了以下调整:

替换近义词:改写时,作者使用了一些近义词来替换原文中的词语,使得表达更加多样化。例如,将"诱因"替换为"独特之处","防卫行动"替换为"防卫措施"等。

> 减少专业术语：改写后的文稿在保持专业性的同时，尽量减少了专业术语的使用，使得读者更容易理解。例如，将"正当防卫条件"简化为"正当防卫规则"。
>
> 记忆"改写一"
>
> "改写一"的改写方式主要包括语言风格的调整、表达方式的简化和句子结构的调整。在句式结构上，它倾向于将长句拆分为短句，并使用并列结构来连接句子。在字词使用上，它注重替换近义词和减少专业术语的使用。这种改写方式使得文稿更加流畅自然，易于读者理解和接受。
>
> 通过对比改写前后的文稿，我们可以更加深入地理解"改写一"的改写方式和特点，并在未来的写作中加以运用。

我们可以看到 AI 分析了改写前后的文稿的模式，在这之后，我们只需要直接跟 AI 对话即可。

> **问：**
>
> 请用"改写一"的改写方式，改写下面的文稿：
>
> 文稿略。
>
> **答：**
>
> ……

这就是对 AI 的一个预训练的过程，目的是让 AI 认识到，什么样的文字符合我们的要求，然后根据具体的规定生成需要的文字。

后　记

　　AI 工具的应用场景越来越多，必将普及到我们日常生活的各个角落。利用 AI 辅助写论文，不仅提高了写作效率，而且保证了论文的质量。

　　但是需要注意的是，AI 虽然强大，但它仍然会犯错，因此，我们在用 AI 辅助的过程中，要让它做好"辅助"的角色，不能取代研究者的主体地位。同时，要保证严谨的学术态度，遵守学术伦理，尊重原创性，在面对 AI 所生成的内容时，要对其进行审查和筛选，确保其质量和可信度。

　　在使用 AI 探索新的功能时，研究者应充分利用其数据处理和文本生成的能力，同时要警觉其局限性。AI 工具通过算法驱动的分析可以帮助我们捕捉大量数据中的趋势和模式，为论文提供丰富的引证和数据支持。然而，这种技术辅助却不能替代研究者对问题深入理解的需求，尤其是在理论构建和方法论的创新上。

　　所以说，AI 工具为学术研究带来了前所未有的便利和效率，但也要求研究者在使用过程中保持批判性的思维方式，确保研究的独立性和深度。

　　未来，我们期待 AI 技术在遵循学术伦理和保障研究质量的前提下，继续扩大其在学术研究领域的应用范围，推动知识的进步和创新。